金利上昇
でもあわてない
住宅ローン
の超常識

住宅ローン専門家
ファイナンシャルプランナー〈CFP®〉
平井美穂

河出書房新社

本文中の「金利」「住宅ローン申込み要件」等のデータは基本的に2023年4月時点のものです。

カバーデザイン＊こやまたかこ
カバーイラスト＊emma/PIXTA
本文イラスト＊青木宣人
協力＊NEO企画

この知恵と方法で不安は解消！——はじめに

長期金利が２０２２年から上昇を続けています。私たちの暮らしに直接関係する住宅ローンの金利も、長期固定金利がだいぶ上がりました。全期間固定金利型住宅ローンの代表選手である「フラット35」の金利は、２０２２年１月の１・３％から、23年３月には１・96％まで上がっています。

一方、変動金利型の住宅ローンは、反対に金利が下がり続けています。とくに借り換えをする人向けの金利が下がっており、23年４月、借り換え専用に０・２％台の商品が登場しました。一部の金融機関では、電話回線と電気の契約をすることで、なんと０・１％台の住宅ローンに借り換えできてしまう異常な事態です。マスコミでは長期金利の上昇ばかりが騒がれていますが、住宅ローンの金利はいま、このように二極化しています。

ところで、物価が高騰し金利先高観がでているなかで、住宅ローンの借り換えが再びブームです。日本銀行は長期金利の上限目標を＋《プラス》０・25％から＋０・５％へ引き上げましたが、「いよいよ短期金利も引き上げるのでは」という憶測《おくそく》から、わたしのところにも、住宅ローンの借り換え相談が増えています。「変動金利か固定金利か」といった住宅ローン利用者にとって永遠のテーマが、金利が上昇してきたことで、より一層深い悩みになっているようです。実際、借り換えのニーズはまちまちで、変動金利からより低い変動金利に借り換える人もいれば、変動金利から固定金利に借り換える人もいます。

変動金利と固定金利、どちらが適しているかは人によって異なりますが、金利の仕組みや返済ルール、選ぶときの考え方を正しく理解すると、おのずと答えが見えてきます。また、金利の上昇は確かに怖いですが、**過去の金利の推移や現在の動向を学び、上昇した場合のシミュレーションをしておくことで不安をやわらげ、自分にとってベストな対策方法を見つけることができます。**

本書では、とくに一般の方が自力では作成しづらいシミュレーションをさまざまな相談内容に応じてお見せすることに注力しました。借り換えや繰り上げ返済に関する誤解も、具体的なシミュレーションによって正解をお教えしています。また住宅ローンは、年金暮らしが始まる前までに完済の目途《めど》を立てることが大事ですが、その方法や、これから住宅ローンを組む方にとって無理のない借入額の決め方も説明しています。

本書で、住宅ローンをうまく活用し、効率よく資産形成をしてください。

平井美穂

1章 金利が上昇！ いますぐ自分のローンをチェック

2章 変動型と固定型「借り換え」の賢い判断は？

3章 いま「繰り上げ返済」をするのは正解か？

4章 住宅を購入する人のローンの組み方・選び方

1章
金利が上昇！いますぐ自分のローンをチェック

Q1

金利が上がっていると聞きました。自分が借りている住宅ローンへの影響はあるのでしょうか？

Aいま上がっているのは固定金利。変動金利はいまのところ上がっていないが注意は必要

２０２２年、アメリカをはじめ世界各国で高騰《こうとう》した物価を抑制するために、政策金利が引き上げられました。

日本では、日本銀行が変わらず金利を低水準に誘導する金融緩和《かんわ》を継続中のため、上昇の程度はアメリカほどではないですが、２０２２年の年初から長期金利がじわりじわりと上がっています。とくに、２０２２年12月に突如《とつじょ》、日本銀行が長期金利の上限をこれまでの０・25％から０・50％まで引き上げるという金融緩和策の見直しを発表した直後は長期金利が急上昇し、２０２３年に入ってからも上昇を続けている状況です。

ここでいう長期金利とは、償還《しょうかん》期間が10年の国債（10年物国債）の利回りのことです。住宅ローンのなかでも、長期間金利を固定する「長期固定金利型住宅ローン」は、この長期金利を指標として金利が決められています。そのため、２０２２年は長期固定金利型住宅ローンの金利も上昇しました。

長期固定金利型住宅ローンの代表選手である「フラット35」の35年固定金利を見てみる

【借入額5,000万円を返済期間35年・元利均等返済で借りた場合の月々返済額】

借入時期	フラット35金利※	月々返済額	総返済額	
2022年 1月	1.30%	148,241円	6,226万円	
2022年12月	1.65%	156,792円	6,585万円	差額475万円
2023年 4月	1.76%	159,539円	6,701万円	

※住宅金融支援機構買取型「フラット35」(融資率9割以下・返済期間21～35年・団体信用生命保険料込)を最低金利で取り扱う金融機関の金利

と、２０２２年の年初は１・30％であったものが、年末には１・65％まで上がり、さらに２０２３年４月現在、１・76％まで急上昇しています。

金利の数字だけ見ているとわずかな上昇に見えるかもしれませんが、５０００万円を35年返済で借り入れした場合、月々の返済額は１万１２９８円も違ってくるので、わずか０・46％の上昇でも返済額に与えるインパクトは大きいものです。

ただし、今回の長期金利の上昇は、これから住宅ローンを固定金利で借りる人に影響のある話であり、過去に固定金利で住宅ローンを借りた人は関係ありません。すでに固定金利で借りている場合は、契約時に決められた金利が決められた期間まで確約されているので、途中で世の中の金利が上がったとしても自分に適用されている金利は変わらないからです。

結果論でしかありませんが、いま振り返ってみると、2016年から2022年の間に全期間固定金利で借りた人は、大規模金融緩和策でマイナス金利が導入されたころに一番低い金利で固定できたので、正解だったといえるでしょう。

最も低いときには35年固定が1%を切りましたが、いまのように金利先高観が出始めると、「あのとき金利を固定しておいてよかった」と思う人が多くなります。

先々の金利を読むのは非常に難しいですが、目先の損得勘定だけでなく、長期的な目線で過去の歴史を学び、相場観を養ったうえで「いまだったら固定金利が安心」と判断できた人が得をしたように思えます。

ところで、日本の住宅ローンの金利の種類には、固定金利型のほかに、半年ごとに金利が見直しされる「変動金利型住宅ローン」があります。変動金利型住宅ローンの金利は、銀行が優良企業に期間1年未満で貸し出す際の最優遇金利である「短期プライムレート」が指標となっています。

短期プライムレートは金融機関ごとに決められますが、都市銀行4行(三菱UFJ銀行、三井住友銀行、みずほ銀行、りそな銀行)は現在横並びで、1・475%となっています。実際に融資を受ける際の住宅ローンの変動金利より高いと思った方もいるかもしれません。

住宅ローンは現在、金融機関同士の金利競争が激しくなっており、審査の結果によって、金利優遇といういわば金利の値引きのようなものが受けられるので、短期プライムレートよりも住宅ローンの変動金利のほうが低くなっているのです。

たとえば、三菱ＵＦＪ銀行の変動金利を見てみると、店頭で公表している店頭金利は、短期プライムレートに１％を足した２・４７５％です。ただし、審査の結果１００点満点をとれた場合、新規借り入れ者は店頭金利から最大▲《マイナス》２％の金利優遇が受けられます。

つまり、２・４７５％−《マイナス》２％＝０・４７５％で住宅ローンの融資を受けられるということです。

この短期プライムレートは２００９年から13年間、１・４７５％のまま変わっていません。上がりも下がりもしていない状況です。ここ最近騒がれている金利上昇も長期金利に関しての話であって、短期プライムレートはびくともしていません。

つまり、**現在上がっているのは固定金利であって、変動金利は上がっていません。むしろ変動金利は、新規顧客獲得のためにさらに金利優遇を拡大している金融機関もでてきているので、一部の金融機関では下がっている状況です。**

ただし、これはまさにいまおこっている金利の動きであり、今後のことはわかりません。

通常、金利が上昇する局面では、長期金利が先に上昇し、その後で短期金利が上昇していきます。大規模金融緩和でマイナス金利が導入されたこれまでの10年間が異常だったと考えるのであれば、今後、金利が正常化するなかで短期金利が徐々に上がることもあるかもしれません。

そういう意味では、いまのところ変動金利は上がっていなくても、変動金利で借りている場合は、これまで以上にアンテナを高くして今後の金利動向を注視していく必要はあります。

いずれにしても、まずは現状把握が大事です。**ご自身が借りている金利が変動金利なのか固定金利なのか、固定金利の場合、いつまで金利が固定されているのか、金利は何%なのか、**こうしたことを借り入れしたときに金融機関と交わした契約書を見て、内容をよく確認するようにしてください。

さらに、金利だけではなく、当初契約時に金融機関に支払った諸費用のなかに「保証料」が含まれていたかどうかもできれば確認してみてください。保証料は一般的には数十万円〜100万円以上にもなる、まとまった金額です。借り換えか現状維持か、はたまた別の方法がよいか、今後の対策を決めるうえでこの保証料がカギになることがあります。

Q2

自分が借りている金利は高いのでしょうか？低いのでしょうか？〈変動金利の場合〉

A 目安は、変動金利で1%を超えていると高いが金利の内訳を確認

2022年に固定金利の上昇が始まって以降、住宅ローンを返済中のお客様から、住宅ローンの見直しに関する相談が増えています。ただ、なかには固定金利で借りているにもかかわらず金利の上昇を心配していたり、見直したいといいつつも、いま借りている金利が何%か答えられなかったりする方がいらっしゃいます。

金利上昇がマスコミで盛んに騒がれているので、みな動揺しているようです。それでも、「何かしないといけない」と思って相談にいらしているので、まったく気にしていない人よりは意識が高い方々だと思います。

まず、真っ先にしていただきたいことは、ご自身のローンの中身を確認することです。直近の返済予定表と当初借り入れ時の契約書で次の項目を確認してください。変動金利の場合は半年ごとに返済予定表が届くはずですが、最近はペーパーレス化の流れで返済予定表を郵送しない金融機関も増えています。その場合は、ネットバンキングのWEB画面で確認するようにしてください。

●返済中の住宅ローンのチェックすべき項目

・適用中の金利（店頭金利〈基準金利〉が何%で、そこから何%の金利優遇をうけているか）
・現在の住宅ローン残高
・契約当初に保証料を一括で払ったか
・団体信用生命保険にオプションでセットした保険があるか
・返済期間の残り（残存期間）

ご自身が借りている金利を確認するときに注意が必要なのは、保証料や3大疾病《しっぺい》保険などの保険料を金利に上乗せして支払っている場合です。一見すると高く見えても、じつは保証料や保険料分が金利にのっかっているせいで高くなっているのかもしれません。

まず、保証料ですが、最初に一括現金で支払う以外に、金利に上乗せして毎月の返済のなかで支払う方法があります。金利に上乗せする場合、+0・2%金利が高くなるのが一般的です。

長く返済を続ける場合、返済総支払額を比較すると、保証料は現金一括で支払ったほう

【保証料一括前払いと金利上乗せ型の支払い総額の比較】

みずほ銀行・変動金利型住宅ローン(保証料型・ネット申込)
で5000万円を35年・元利均等返済で借り入れした場合

〈保証料一括前払い型〉

借入額	適用金利	月々返済額	総返済額	保証料	負担総額
5,000万円	0.425%	128,142円	5,382万円	103万円 (預金から支払い)	5,485万円
5,105万円	0.425%	130,833円	5,495万円	105万円 (融資額から支払い)	5,495万円

差額 73万円　差額 83万円

〈保証料金利上乗せ型〉 ※保証料分として、金利に+0.2%上乗せされる

借入額	適用金利	月々返済額	総返済額	保証料	負担総額
5,000万円	0.625%	132,573円	5,568万円	0円 (月々返済の中で支払い)	5,568万円

※総返済額は金利が35年間不変だった場合の仮定値
※総返済額と保証料は千円単位四捨五入。
※2023年4月現在

が得なのですが、最初に「金利上乗せ型」を選択した場合、途中から「現金一括払い型」に変更することはできませんので、保証料分の金利を下げたいのであれば借り換えをするしかありません。

最近では保証料型の商品よりも事務手数料型の商品が主流となっている金融機関が増えていますが、もしもまた保証料型の商品を選ぶ場合は、今度は「保証料一括前払い型」を選択するよう覚えておいてください。まとまった資金を払えないと思うかもしれませんが、保証料も融資を受けることができるので安心してください。

たとえばローン残高が5000万円で保証料が100万円かかる場合、5100万円を借りて、そのうち100万円は融資を受けた後すぐに保証会社に一括で支払う流れです。保証料相当分、借入額を増やしたとしても、金利に上乗せして払うより総支払額は少なく済みます。ちなみに保証料以外の借り換えに伴う諸費用も融資の対象ですが、実際、借り換えをする多くの人は諸費用を自己資金で払わず、融資額に含めて借り換えをしています。

ほかにも金利に上乗せされているケースでよくあるのは、オプションで団体信用生命保険以外の保険に加入した場合です。たとえば、がん保険であれば+0・1%、3大疾病保険であれば+0・3%などと、加入した保険の種類や金融機関によって異なりますが、保険料分が金利に上乗せされています。こちらは借り入れ当初の「保険の申込書兼告知書」で確認をすることができます。書類を紛失してしまった、見方がわからないといった場合は、借り入れ中の金融機関に電話をして聞くのが早いでしょう。

もし、3大疾病保険などに加入している場合、借り換えをしてしまうと、その保険も解約することになるので気をつけてください。とくに50歳を過ぎている場合、借り換え先でも同じように3大疾病保険に加入しようと思ってもできません。3大疾病保険に加入できる年齢は、ほとんどの金融機関で50歳未満となっているためです。

また、借り換えをする場合には、団体信用生命保険についても健康状態の告知と保険会社による審査があります。健康状態に不安があって以前のように団体信用生命保険に加入できないという人は、借り換えを見送ったほうがいいでしょう。

次に、現在の金利の相場を確認してください。2022年に固定金利が上昇してから借り換えを検討する人が増えていることもあり、現在、借り換え専用に変動金利を引き下げて新規顧客を獲得しようとする金融機関の動きが活発です。

変動金利に関しては史上最低金利を更新しているので、変動金利に借り換えをしたい人には追い風が吹いているといえるでしょう。

【現在の変動金利の相場】
⇒2023年4月現在の住宅ローン金利（変動金利の最優遇金利）

金融機関	借り換え専用	新規借入
auじぶん銀行	0.296%	0.319%
住信SBIネット銀行	0.299%	0.320%
三菱UFJ銀行	0.345%	0.475%
PayPay銀行	0.349%	0.380%
りそな銀行	0.370%	0.370%
みずほ銀行	0.375%	0.375%
三井住友銀行	0.475%	0.475%

上記の表中の三菱ＵＦＪ銀行の変動金利型商品・借り換え専用の金利を見てみましょう。０・３４５％となっています。三菱ＵＦＪ銀行・変動金利の店頭金利は２・４７５％です（２０２３年４月現在）が、ここから審査の結果、満点がとれれば２・13％の金利優遇が受けられ、０・３４５％になる仕組みです。

この金利優遇は、２０００年ごろにおこった金融自由化に伴い、住宅ローンの金利競争が繰り広げられるようになり、始まりました。最初のころは、金利優遇はわずか▲《マイナス》０・２％程度でしたが、徐々に▲０・３％、▲０・５％、

▲0・7%と優遇幅が拡大し、現在は▲2%以上も優遇するようになっています。

過去13年ものあいだ、変動金利が指標とする短期プライムレートの金利も変動金利の店頭金利も変わっていないのですが、金利優遇が拡大してきたことで適用金利が下がり続けてきたというわけです。

ただし、金利優遇はあくまでも審査の結果、満点をとれれば最大の優遇が受けられるという話であって、住宅ローンの金利は人によってまちまちです。優遇がまったくなく変動金利を店頭金利の2・475%のままで借りている人もいます。つまり、もしもご自身が借りている金利がいまの相場と比べて高いとしたら、当時は金利優遇が少なかった時代か、もしくは当時は審査の結果、満点をとれなかった可能性があるということです。

目安としては、保証料や特定疾病保険料の金利上乗せがない状態で、変動金利が1%を超えている場合は借り換えをしたほうが得になる可能性があります。反対に、変動金利で0・7~0・8%台の場合は、今後実際に返済を続ける年数や借り換え時の諸費用を考えると、借り換えするメリットが出ないケースもあるので注意が必要です。借り換えするかどうか判断する際には、シミュレーションをすることが何よりも大切ですが、詳しくは後ほど具体的な事例でシミュレーションをしていますので、まだ結論を急がないでください。

【都市銀行の短期プライムレートと 住宅ローン変動金利（優遇前の店頭金利）の推移】

都市銀行変動金利（店頭金利）の金利優遇の推移

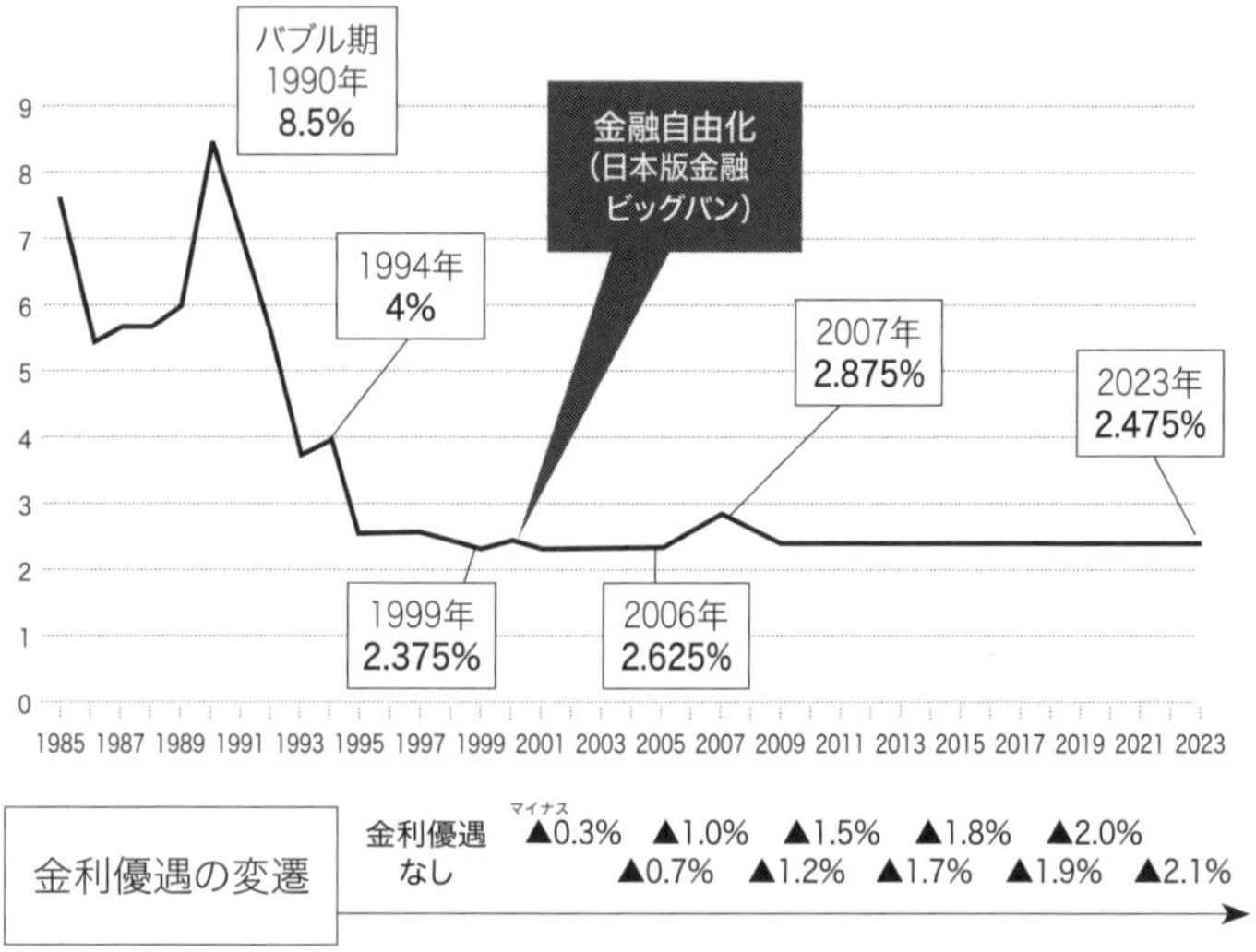

Q3

自分が借りている金利は高いのでしょうか？低いのでしょうか？〈固定金利の場合〉

A 全期間固定金利を1%前後で借りている人は、借り換えするのはもったいない

自分が借りている金利が高いのか低いのか判断するときには、現在の金利相場を確認するとともに、過去の金利推移も知る必要があります。

これは、これからローンを組む人が、「変動金利か、固定金利か」を決めるうえでも重要となる視点です。

すでに説明したとおり、変動金利は多くの金融機関が利益を削って熾烈《しれつ》な金利競争を繰り広げているため、史上最低金利を更新していますが、固定金利はここ数年徐々に上昇を続けています。固定金利型住宅ローンの代表選手である「フラット35」の金利推移を見てみると、過去最低金利を記録したのは2016年の0・9%となります。

2016年は景気刺激策としてマイナス金利が導入され、長期金利が急落し、各金融機関の長期固定金利型住宅ローンの金利が軒並み下がった時期です。

このとき、フラット35以外にも、都市銀行の35年固定金利が0・95%など、1%を切る商品が登場し、異常な低水準を記録しました。現在、35年固定金利は2%近いことを考え

【現在の固定金利の相場】
⇒2023年4月現在の住宅ローン金利（35年固定金利）

フラット35	1.76%	PayPay銀行	2.11%
三菱UFJ銀行	1.64%	住信SBIネット銀行	1.77%
三井住友銀行	1.79%	SBI新生銀行	1.65%
みずほ銀行	1.48%	auじぶん銀行	1.90%
りそな銀行	1.345%	千葉銀行	1.50%

ると、この時期に全期間固定金利で借りた人は間違いなく大正解だったといえるでしょう。

２０１６〜２０２２年のあいだに固定金利で借りた人は、低い金利で固定できているケースが多いのですが、たまに「固定金利から変動金利に借り換えたほうがいいでしょうか？」という相談を受けます。

確かに、変動金利に借り換えれば、もっと金利を下げられるかもしれませんが、変動金利は向こう半年間の金利しか確約されていません。半年ごとに金利が見直しされる変動金利のリスクを考えると、金利先高観が高まっているいまのタイミングで「低い水準で金利を固定できている権利」を放棄するのはもったいない気がします。

むろん、今後も変動金利が上がることはないと考えている人で、万一予想に反して金利が上昇したとしても経済的に対処できる余裕がある人は、リスクをとって変動金利に借り換えするのも一法です。あるいは、とにかく目先の月々返済額を安くすることが第一優先ならば、応急処置として金利の低い変動金利に借り換えることもあり得ます。

反対に、**今後金利が上昇するかもしれないと感じていて、返済期間がまだ数十年続くという人は、いま1%前後の低い固定金利で借りているのならば、借り換えせずにいまの固定金利のままでいたほうがいい**でしょう。

ちなみに、これから新たに住宅ローンを組む人については、いまの固定金利が高すぎる水準かというと、過去35年間の金利推移や日本銀行が長期金利を抑制している現在の状況を考慮すると、まだ低い水準と思っています。

フラット35の過去35年間の平均金利は2・71%です。ここ10年間の金利は異常であり、2013年に始まった大規模金融緩和の前は2%を超えていたことを考えれば、35年固定金利が2%を切っている現在の金利はまだ低い水準という見方もあります。

住宅ローンはおよそ30年にわたり長い期間返済が続くので、目の前の金利だけにとらわれず、過去の金利推移もよく研究して金利相場観を養うようにしてください。

【長期金利とフラット35　過去35年間の金利推移】

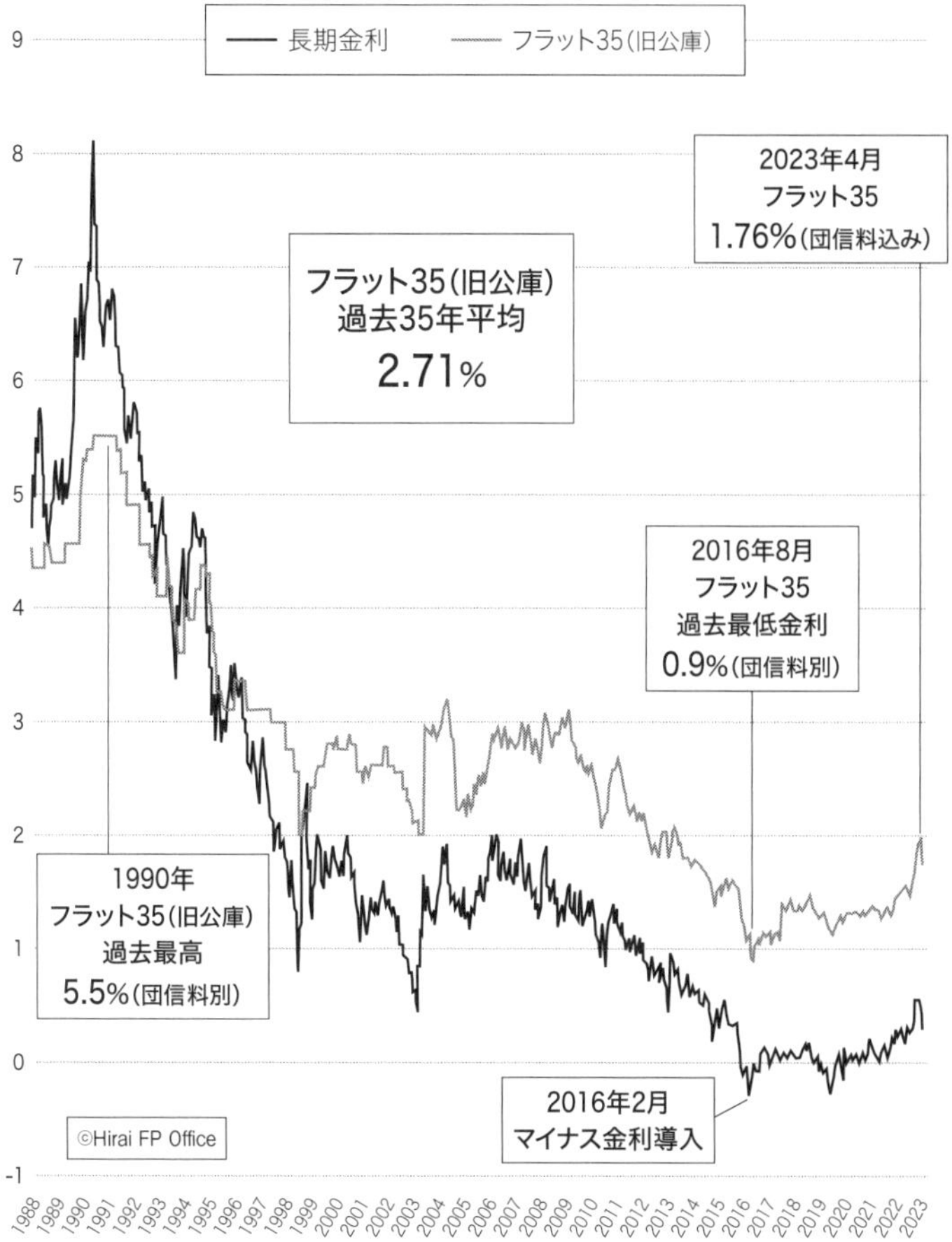

※住宅金融支援機構買取型フラット35　融資率9割未満・返済期間21～35年の最低金利、平成15年9月以前は旧公庫の通常融資・当初10年間の基準金利
※長期金利は財務省公表、10年物国債金利の利回り

Q4

今後、変動金利も上がりますか？

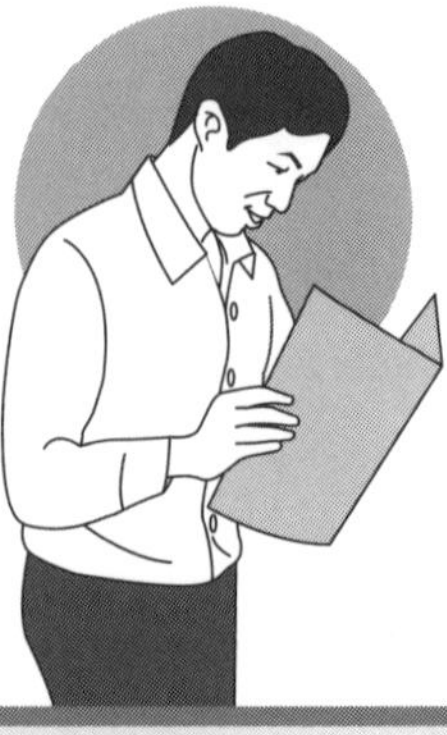

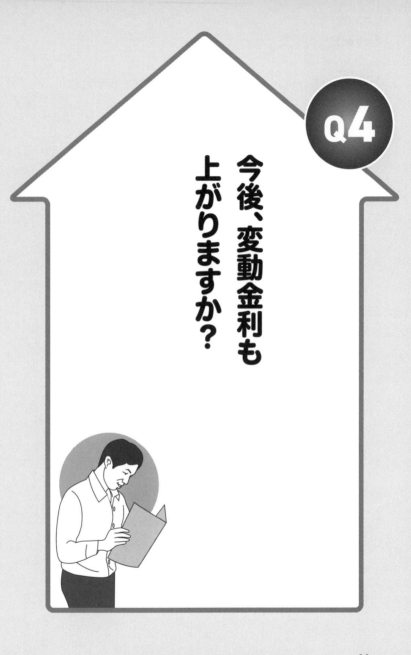

A 日本銀行が目指しているのは、安定した物価上昇と金利の正常化。ということは…

変動金利で借りている人にとって一番気になる問題が、今後、変動金利も上がるのかどうかということです。株価と同じで、将来の金利はプロでも予測できないので、残念ながら上がるかどうかをはっきりと答えることができません。

ただ、いま日本はどういう方向に向かおうとしているのか、金利の舵取《かじと》りをしている日本銀行が目指している金融政策の中身は理解しておいたほうがいいでしょう。

日本銀行が目指しているのは、日本経済を復活させるために、賃金上昇を伴い物価が安定して上昇を続けることです。そして、その先にあるのは大規模金融緩和政策の終わりと金利の正常化です。

アベノミクスが始まった2012年以降、日本銀行は黒田東彦《くろだはるひこ》総裁のもと、大規模金融緩和をおこなってきました。史上初となるマイナス金利政策が導入され、長期金利はマイナス0・25%からプラス0・25%(現在はマイナス0・5%からプラス0・5%の変動幅に修正)の範囲で低水準におさまるよう金利をコントロールしてきたのです。

結果、不動産価格や株価が高騰する資産バブルが起こりましたが、依然として日本はデフレと低賃金という深刻な問題を抱え、経済は長らく低迷したまま抜け出せずにいます。現在も、日本は世界各国が利上げに踏み切っているなか、低金利を維持する方針を崩していません。

ただし、日本銀行は金融緩和を続けるのは物価上昇率が安定して2％を超えた段階までとしており、10年経ったいま、その終わりが近づいているのではないかという憶測が広がっています。金利が上がれば銀行は儲かりますが、実際、2022年の年末から金利が上がることを予測した投資家の動きにより、銀行の株価が軒並み上昇している状況です。

ここで足元の日本の消費者物価指数を見てみると、2022年は資源高と円安の影響で、前年比＋2・5％の上昇を記録しました。賃金に関しては、2023年に入るとユニクロが国内の正社員を対象に最大40％の賃上げを決定し、その他の企業も相次いで賃上げを発表しています。

2023年4月には、日本銀行の総裁に新たに植田和男《うえだかずお》氏が就任しました。10年続いた異次元の大規模金融政策も終わりのタイミングが近づいているような気もします。

本来、金利というものは、市場原理にしたがって上がったり下がったりを繰り返すものです。それをこの10年間は日本銀行が介入することで無理やり金利をおさえ込んできました。円安、物価高という副作用も出ているいま、**日本銀行が目指しているのはパニックがおこらないようにしながら金利を緩やかに上昇させること**です。

実際には、金利の動きは日本銀行が完全にコントロールできるわけではありません。さまざまな要因が複合的に作用して金利が決まりますので、今後の金利を予測するのは非常に難しくなっています。

ただいえることは、この10年間の金利は異常に低かったということ、そして変動金利で借りる以上、金利上昇リスクへの備えはつねに必要だということです。住宅ローンの返済を30年も続けていれば、途中で金利が変動することは何ら不思議ではありません。

そういう意味では、**変動金利で借りる以上、金利が途中で上昇した場合、月々の返済額がいくらになるのか、シミュレーションは最低限しておきたいもの**です。

金利上昇シミュレーションをするときに金利を何%に設定するかが悩ましい問題です。過去の経験則が未来にもあてはまるとは限りませんが、とはいえ将来の金利は誰にも予測ができないので、過去の金利推移を参考にするのもひとつです。

２０１３年に始まった大規模金融緩和の前は、変動金利の最優遇金利はおおむね１％程度でした。さらにさかのぼり、２０００年ごろにおこった金融自由化の前の変動金利はおおむね２・５％程度です。

現在の変動金利は最優遇金利でおおむね０・５％程度ですので、およそ10年前はいまよりも＋０・５％高く、およそ25年前はいまよりも＋２・０％高い水準といえます。

あるいは、金融機関が審査をする際の金利をひとつの参考にする手もあります。金融機関は変動金利で申し込みをしたお客様の審査をする際には、実際に融資をする金利ではなく、おおむね４％前後の高めの金利で審査しています。「将来４％に金利が上がったとしても返せる人かどうか」という視点で審査をしているわけです。

こうしたデータを参考にしながら、悲観シナリオと楽観シナリオと両方のパターンでシミュレーションしておくと安心でしょう。

35～37ページの図表に示した金利の想定はあくまでも仮定であり、今後の実際の上昇とは何ら関係ありません。実際には、金利はずっと右肩上がりに上昇を続けるわけではなく、上がったり下がったりを繰り返します。

また、これまで30年ものあいだ低金利を維持してきた日本からすると「金利が25年後に２％上がる、４％上がる」というのは荒唐無稽《こうとうむけい》に思えるかもしれません。ただ、日本に構

【金利上昇シミュレーション】

〈前提条件〉借入額5,000万円、当初金利0.375%、35年元利均等返済
5年・125%ルールありの金融機関で借り入れ

〈パターン①〉ラッキーパンチ

35年間金利が変わらなかった場合

経過年数	金利上昇の仮定				月々返済額
	上昇幅	基準金利	金利優遇	実行金利	
当初	―	2.475%	▲《マイナス》2.100%	0.375%	127,050円

35年間総返済額	5,336万円

〈パターン②〉楽観シナリオ

5年後から金利が緩やかに上昇、10年後に累計+0.5%上昇

経過年数	金利上昇の仮定				月々返済額
	上昇幅	基準金利	金利優遇	実行金利	
当初		2.475%	▲2.100%	0.375%	127,050円
5年後	+0.25%	2.725%	▲2.100%	0.625%	131,793円
10年後	+0.25%	2.975%	▲2.100%	0.875%	135,855円

35年間総返済額	5,629万円

…5年ごとの返済額が見直しされる年度

〈パターン③〉中間シナリオ

5年後から金利が緩やかに上昇、25年後に累計+2.0%上昇

経過年数	金利上昇の仮定				月々返済額
	上昇幅	基準金利	金利優遇	実行金利	
当初		2.475%	▲2.100%	0.375%	127,050円
5年後	+0.25%	2.725%	▲2.100%	0.625%	131,793円
7年後	+0.25%	2.975%	▲2.100%	0.875%	131,793円
10年後	+0.25%	3.225%	▲2.100%	1.125%	141,120円
12年後	+0.25%	3.475%	▲2.100%	1.375%	141,120円
15年後	+0.25%	3.725%	▲2.100%	1.625%	149,250円
18年後	+0.25%	3.975%	▲2.100%	1.875%	149,250円
20年後	+0.25%	4.225%	▲2.100%	2.125%	155,541円
25年後	+0.25%	4.475%	▲2.100%	2.375%	157,436円

35年間総返済額	6,118万円

（網掛け）…5年ごとの返済額が見直しされる年度

〈パターン④〉悲観シナリオ
5年後から金利が上昇し、25年後に累計+4.0%上昇した場合

経過年数	金利上昇の仮定				月々返済額
	上昇幅	基準金利	金利優遇	実行金利	
当初		2.475%	▲2.100%	0.375%	127,050円
5年後	+0.5%	2.975%	▲2.100%	0.875%	136,648円
7年後	+0.5%	3.475%	▲2.100%	1.375%	136,648円
10年後	+0.5%	3.975%	▲2.100%	1.875%	156,267円
12年後	+0.5%	4.475%	▲2.100%	2.375%	156,267円
15年後	+0.5%	4.975%	▲2.100%	2.875%	174,216円
18年後	+0.5%	5.475%	▲2.100%	3.375%	174,216円
20年後	+0.5%	5.975%	▲2.100%	3.875%	188,683円
25年後	+0.5%	6.475%	▲2.100%	4.375%	193,154円

35年間総返済額	7,015万円

（網掛け）…5年ごとの返済額が見直しされる年度

※金利の想定はあくまでも仮定であり、今後の実際の上昇とは何ら関係ありません。

造改革が起こり、これまでとは違う時代が到来するのだとしたら、まったく可能性がないわけではないと思います。米国と日本を単純に比較できないことを承知でお伝えすると、米国では数年で金利が3〜4％変動することは、過去、何度もありました。

いずれにしても、ここはあくまでも安全を見て悲観シナリオまで想定してみた仮定の話であり、実際の金利上昇とは何ら関係がありません。

そのうえで、仮にパターン③のようにいまよりも金利が＋2％上昇したとしたら、月々の返済額が3万円ほど増えるとイメージしていただき、万一そうなった場合でも返済に耐えられるかどうかチェックしてみてください。

実際に金利が上昇した場合の対処法としては、その家庭の状況によりさまざまな方法が挙げられます。

最も効果的なのは「繰り上げ返済」ですが、金利上昇時には資産が増えるような投資信託などに「投資をする」という手もあります。このふたつを基本的な軸として両方取り入れるのが理想ですが、いずれにしても金利上昇・物価高の時代が到来しても、資産を減らしてしまうことがないよう、適切な防衛策をとるようにしてください。

2章 変動型と固定型「借り換え」の賢い判断は？

Q5

変動金利が上がったら、固定金利に借り換えればいいですよね？

A 変動金利で一度借りると、途中で固定金利に切り替えるのは難しい

変動金利で住宅ローンを借りている方から「金利が上がったら固定金利に借り換えればいいですよね?」とよく聞かれます。確かに高度経済成長期のように金利が右肩上がりに上昇を続ける場合は、金利が上がり始めた初期段階で固定金利にパッと切り替えればいいのですが、実際にはそう簡単ではありません。一度返済が始まると、変動金利から固定金利に切り替えるのが簡単ではない理由を3つ挙げます。

理由1 短期金利が上がるころには長期金利はとっくに上がっている

まず1番目の理由に、長期金利のほうが短期金利よりも先に金利が上がるという問題があります。

金利には短期金利と長期金利がありますが、短期金利は基本的には中央銀行(日本では日本銀行)の金融政策の影響を受けて金利が決定されます。一方、長期金利は債券市場の需給バランスや市場参加者の思惑で金利が変動するので、その時々の政治・経済、為替相場など、国内外での出来事にすぐに反応した動きを見せます。

【短期金利と長期金利】

金利種別	定義	代表的な金利	金利のおもな決定要因
短期金利	期間1年未満の貸し借りに適用される金利	・無担保コール翌日物金利 ・短期プライムレート ・住宅ローン変動金利	日本銀行の金融政策
長期金利	期間1年以上の貸し借りに適用される金利	・10年物国債の利回り ・フラット35の金利	債券市場の需給関係や市場参加者(投資家)の思惑

2022年年初から続いている長期金利の上昇は、まさに海外でおこっている金利上昇の動きに即応しておこった現象です。

対する短期金利は、中央銀行が経済状況をしばらく注意深く見守ったうえで、これは中央銀行として対処が必要と判断したときに政策金利の上げ下げを決定するものなので、長期金利よりもだいぶ遅れた動きを見せます。

しかも、現在は、日本銀行が本来介入しないはずの長期金利に関しても、国債を大量購入するといった非伝統的な手法で金利を抑制している状況です。そのため、短期金利と長期金利の差が小さくなっています。

具体的に、住宅ローンの変動金利と35年固定金利を比較してみると、大規模金融緩和がおこなわれる前の2010年ごろはその差が約2%ありました。2023年4月現在、たとえば、りそな銀行では変動金利は0・37%、35年固定金利は1・345%となっており、長期金利が上がってきているとはいえ、まだその差は1%程度です。

今後、大規模金融緩和が終了し、金利が正常化するなかで長短期金利ともに引き上げられる局面がやってくるかもしれませんが、そのときには長期金利はいまよりもだいぶ上がっている可能性があります。

そうなると、いくら金利を固定できるといっても、低い金利からより高くなった金利への借り換えは、月々の返済額の負担増を考えるとなかなか決断ができないものです。

理由2 変動金利特有の「5年ルール」があるため、金利の上昇に気づくのが遅れる

住宅ローンを返済中の人が変動金利から固定金利に切り替えることが難しい2番目の理由として、変動金利型住宅ローンの月々の返済額が見直しされるタイミングが5年に一度といったルール上の問題が挙げられます。俗にいう「5年ルール」のことです。

〈5年ルール〉

変動金利型住宅ローンは半年ごとに金利が見直しされるが、月々やボーナス時の返済額は5年間変わらないルール。金利の変動は反映されているので、月々返済額の内訳となる元金と利息の配分を調整して月々の返済額を変えないようにしている。

　金利上昇時は元金の返済に充てられる割合が減り、利息を支払う割合が増えるので、結果として「元金の減りが遅くなる」のがデメリットとなる。


　45ページの表からおわかりいただけるように、金利が上昇した場合、利息の計算上はその都度金利の上昇が反映されていますが、月々の返済額を5年間は変えないために、金利が上がったことに気づくのが遅くなるという落とし穴があるのです。

　変動金利で借りた場合、向こう半年間の金利しか確約されていないため、返済がスタートした後も半年ごとに返済予定表が金融機関から送られてきます。返済予定表を注意して見ていれば金利が上がっていることに気がつくのですが、銀行から引き落としされている金額自体が変わらないので、気づかない人も多くなっています。

　また、前に述べたように、金融機関もペーパーレスの流れが進んでおり、返済予定表を書面では郵送せず、ネットバンキングの画面で確認するしかないケースが増えているのが現状です。そうなると、半年ごとにネットバンキングで自ら金利をきちんと確認する人は

【変動金利　金利上昇シミュレーション】

〈前提条件〉借入額5,000万円、月々返済のみ、元利均等返済
返済期間:35年　125%ルール・5年ルールの適用あり

【金利が0.375%のまま変わらなかった場合の返済予定表】

経過年数	金利上昇の仮定		月々返済額			ローン残高
	上昇幅	実行金利	元利合計	うち、利息	うち、元金	
当初		0.375%	127,050円	15,625円	111,425円	49,888,575円
1年後		0.375%	127,050円	15,207円	111,843円	48,548,762円
2年後		0.375%	127,050円	14,787円	112,263円	47,203,915円
3年後		0.375%	127,050円	14,365円	112,685円	45,854,017円
4年後		0.375%	127,050円	13,942円	113,108円	44,499,048円
5年後	―	0.375%	127,050円	13,517円	113,533円	43,138,989円
35年間総返済額			5,336万円			

金利が変わらなければ、年月の経過に伴い、月々返済額の内、利息が占める割合が減っていき、反対に元金の占める割合が増えていく

【毎年金利が0.25%ずつ上昇した場合の返済額内訳】

経過年数	金利上昇の仮定		月々返済額			ローン残高
	上昇幅	実行金利	元利合計	うち、利息	うち、元金	
当初		0.375%	127,050円	15,625円	111,425円	49,888,575円
1年後	+0.25%	0.625%	127,050円	25,344円	101,706円	48,558,899円
2年後	+0.25%	0.875%	127,050円	34,590円	92,460円	47,344,177円
3年後	+0.25%	1.125%	127,050円	43,428円	83,622円	46,239,031円
4年後	+0.25%	1.375%	127,050円	51,922円	75,128円	45,238,870円
5年後	―	1.375%	150,607円	50,883円	99,724円	44,307,043円
35年間総返済額			6,184万円			

5年ルールにより5年後に返済額増額

5年ルールにより月々の返済額は変わらないが、返済額の内訳を見ると金利上昇の度に利息が占める割合が増えている。反対に元金に占める割合が減っていくので、ローン残高の減りが遅くなる

※金利上昇の値や時期は単なる仮定であり、なんらの根拠もありません。

少ないので、ますます金利の上昇に気がつきにくいといった悪循環に陥ります。

ところで、全期間固定金利の代表的な商品であるフラット35には、当初5年間もしくは10年間、金利の優遇を大きく受けられる「フラット35S」という制度があります。

筆者が顧問契約をしているお客様には、6年目、11年目の金利が上がるタイミングで家計や住宅ローンの見直しのお声がけをしているのですが、金利や返済額の上昇を認識しているお客様はほとんどいません。それくらい実際に返済が始まると、私たちは金利や返済額に無頓着《むとんちゃく》になってしまうということです。

ましてや、変動金利特有の「5年ルール」といった複雑なルールがあると、なおさら金利上昇に気がつかないのも無理がないと思います。

理由3　金利は一本調子に上がるわけではない

最後の理由として、一般的に金利は右肩上がりに上昇を続けるものではなく、上がり下がりを繰り返すものであり、それだけに「変動金利から固定金利への借り換えのタイミングを計るのは難しい」という問題があげられます。

私が銀行員だった当時、２００６年から２００７年にかけて金利が2回連続で上がったことがありました。短期プライムレートが＋０・25％ずつ2年連続上昇し、２００５年には2・375%だった都市銀行の変動金利（基準金利）が2007年には2・875%へと上昇しました。2年連続で上昇したため、この先も上昇が続くのではという憶測《おくそく》が広がり、銀行には連日、変動金利で借りていたお客様が固定金利に借り換えにやってきました。

当時、全期間固定金利は3%近い金利でしたが、大規模金融緩和政策以前の全期間固定金利としては妥当な金利であり、何よりも金利先高観が高まっていたので、変動金利から固定金利に借り換えしたいというニーズが高まった時期です。しかし皮肉なことに、その後間もなく金利は再び下がりました。意識の高いお客様のなかには、変動金利から固定金利に借り換えたあと、再び変動金利に借り換えるという動きも見られました。

借り換えには、一般的にローン残高の3%程度の費用がかかりますが、何度も借り換えをすると、その分余計な費用がかかります。実際には、借り換えにかかる諸費用を自己資金でだす人は少なく、諸費用も借りる人が多くなっていますが、短期間に余分な借り換えをした分だけ、借り換え直後のローン残高が増えてしまったことになります。

金融リテラシーが高く、金利上昇に敏感に反応した人ほど損をしてしまったという皮肉な話ですが、それくらい変動金利から固定金利へ切り替えるタイミングを見計らうのは難しいということです。

Q6

変動の場合、金利が上がっても125%以上は返済額が増えないんですよね?

A じつは、125%を超えた部分の返済が免除されるわけではない

変動金利型住宅ローンに適用される独特のルールで、「5年ルール」とセットで覚えておきたいのが「125%ルール」です。

〈125%ルール（1・25倍ルール）〉

変動金利型住宅ローンを元利均等返済で借りた場合に「5年ルール」とセットで適用されるルール（一部例外あり）。変動金利型住宅ローンの金利は半年ごとに見直しされるが、月々やボーナス時の返済額自体は5年に1度しか変わらない（5年ルール）。

さらに、たとえ金利が大幅に上昇したとしても、月々の返済額は前回の返済額の125%（1・25倍）までしか増えない（125%ルール）。

返済額のうち、元金と利息の占める割合を調整して月々の返済額をコントロールしているが、金利が急騰《きゅうとう》したときには、月々の返済額のすべてが利息となり、元金が減らない事態や未払い利息が発生する恐れもある。

1990年のバブル期には、変動金利が8%超まで上がり、この125%ルールが適用されたことで未払い利息が発生した。

お客様とお話ししていると、「125%ルールについて知らない」という方も少なくありません。「名前は知っていても詳しくは知らない」という方もいらっしゃいます。

実際、お客様に金利上昇シミュレーションをご提示して仕組みについて詳しくご説明すると、「125%超の部分は切り捨てられると思っていた」という誤解もよくあります。125%を超えた部分は切り捨てられるわけではなく、翌月に返済を繰り延べされていて、いわば返済を先延ばしにしているだけなので、注意をしてください。

ただし、月々の返済額が125%を超えるようなケースは金利が短期間に急激に上昇する場合です。では、いまの変動金利がいったいどれくらいまで上昇すると125%超となるのか、シミュレーションをしてみましょう（52ページ）。

シミュレーションの結果、1年後から金利が徐々に上がり5年後に累計＋1・25%上昇するケース①では、5年後の月々返済額は125%まで増えませんが、5年後に一気に＋1・6%上昇するケース②では、月々返済額が125%を超えて増える計算です。

【5年・125%ルールのイメージ図】

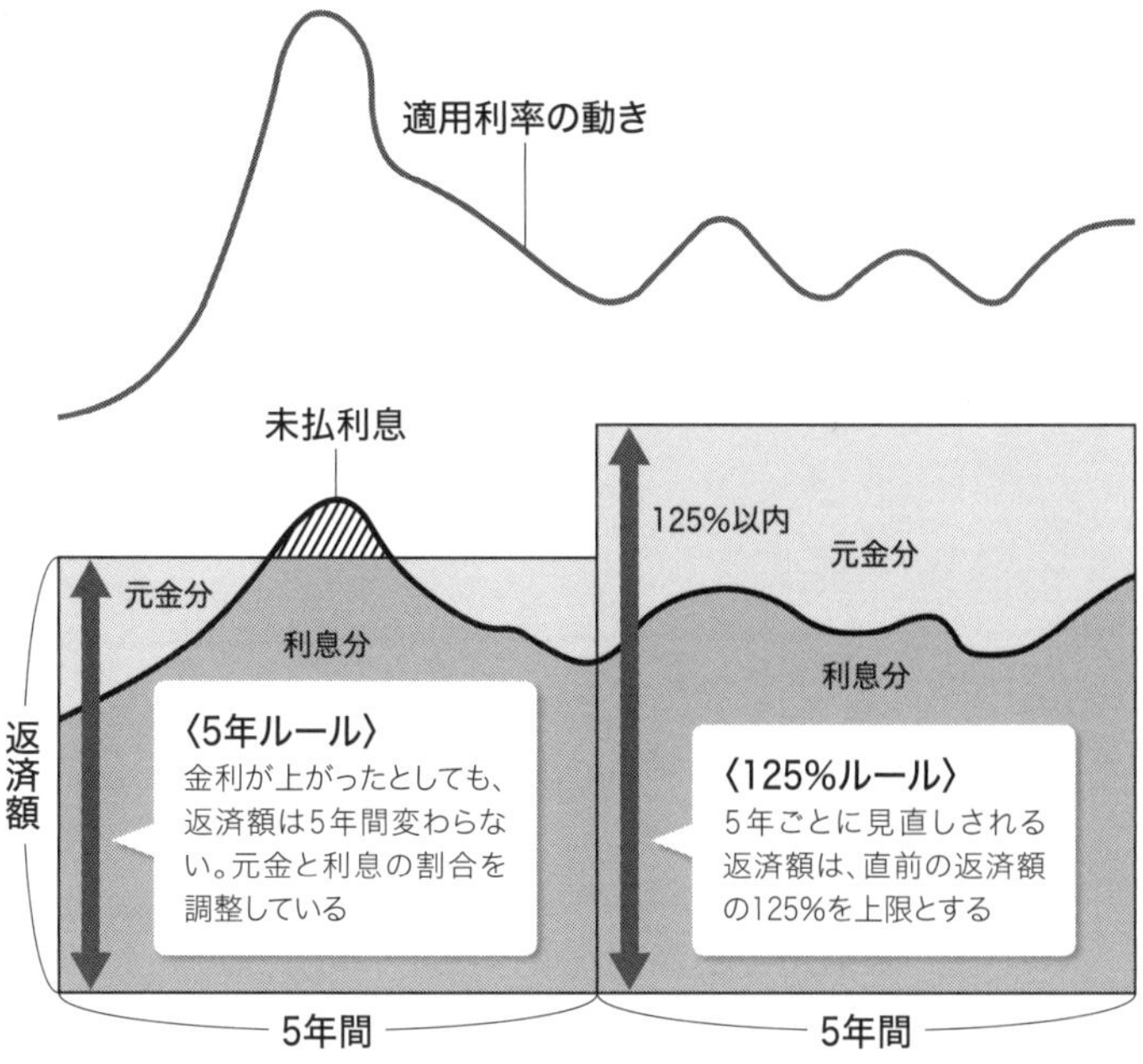
適用利率の動き
未払利息
125%以内
元金分
利息分
元金分
利息分
返済額
〈5年ルール〉
金利が上がったとしても、返済額は5年間変わらない。元金と利息の割合を調整している
〈125%ルール〉
5年ごとに見直しされる返済額は、直前の返済額の125%を上限とする
5年間
5年間

【月々返済額が125%超となるのは金利がどれくらい上昇した場合か?】

〈前提条件〉当初借入額:5,000万円、当初返済期間:35年、
返済方法:元利均等返済

〈ケース①〉 毎年+0.25%ずつ5年連続上昇(累計+1.25%上昇)

経過年数	金利	月々返済額
借入当初	0.475%	129,241円
1年後	0.725% +0.25%	129,241円
2年後	0.975% +0.25%	129,241円
3年後	1.225% +0.25%	129,241円
4年後	1.475% +0.25%	129,241円
5年後	1.725% +0.25%	158,477円

5年間は月々の返済額が変わらないが、内訳の支払利息と元金返済の配分が変わることで調整されている

5年後に累計+1.25%の上昇では月々返済額は125%超にはならない

〈ケース②〉 5年後に金利がいっきに+1.6%上昇

経過年数	金利	月々返済額(あ)(125%ルールが適用されない場合)	月々返済額(い)直前返済額×125%(125%ルール適用)	翌月に繰り延べされる返済額(あ)ー(い)
借入当初	0.475%	129,241円	—	—
5年後	2.075% +1.6%	161,882円	161,551円	331円

125%ルール発動!

125%超の部分は翌月返済に繰り延べされてしまう! その分、元金の減りが遅れる

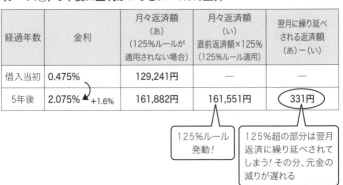

結果、ケース②は「125%ルール」が適用され、5年後の見直しのタイミングで月々返済額が16万1551円におさえられ、余剰分の331円は翌月の返済に繰り延べされることになります。元利均等返済では利息の支払いが優先されますので、331円分は元金の返済が翌月に持ち越されるということです。

つまり、万一、**将来金利が上昇を続けた場合は、元金の返済が先延ばしにされる分、支払利息が増えることになります。**さらに最悪のケースでは、**最終返済日に返済しきれていない元利金が残った場合、一括返済を迫られるというのが5年・125%ルールの仕組みです。**

実際に1990年に変動金利が8%を超え、この最悪のケースがおこりました。しかし、それはバブル期のかつての日本でおきた話であり、今後、ここまでの事態はそう簡単にはおこらないとは思います。

ただし、住宅ローンは長い期間返済を続けるものなので、いまは想像できないことが将来おこる可能性も排除できません。そもそも変動金利型住宅ローンは「上限付き変動金利」という一部の商品を除き、ルール上は適用される金利に上限はありません。変動金利で借りる以上は、万が一の金利上昇に備え、仕組みは正しく理解しておいてください。

Q7

変動金利で借りています。借り換えしたほうがいいでしょうか?

A 住宅ローンの見直しは順番が大事。借り換えの前にまずすべきことは…

変動金利で借りている人が借り換えを検討するときには、おもに次の2つのパターンが考えられます。

●変動金利で借りている人の借り換えパターン
〈パターン1〉変動金利からより低い変動金利に借り換え
〈パターン2〉変動金利から固定金利に借り換え

まずここでは、〈パターン1〉の変動金利からより低い変動金利への借り換えについて検証してみましょう。

この借り換えパターンでは、金利を固定できる安心保障は得られません。ただし、金利上昇にも耐えられるくらい月々の家計が黒字になっている人や貯蓄がある人、あるいは住宅ローンの金利上昇よりも高い利回りで資産運用ができている人などは変動金利のリスクを受け入れられる方です。大まかな目安では月々の返済額が3〜4万円上がっても、まあ何とか返せるだろうという人は安心でしょう。

どのみち変動金利のリスクを受け入れるならば、やるべきことは**最大限金利優遇を受けて、とにかく金利を下げておくこと**です。先に述べたように、いま借りている金利が高い人は、借り入れ当初は金利優遇がいまほどなかった時代だったか、借り入れ当初の審査では満点をとれなかった人です。

前者であれば、ひょっとするといま借りている金融機関にお願いをすれば、金利を引き下げてくれるかもしれません。他の金融機関に借り換えをするとなると、借入額のおよそ3％の諸費用がかかってしまいます。たとえばローン残高が3000万円の場合、諸費用はだいたい90万円くらいかかるのが一般的です。

一方、いま借りている金融機関に金利を引き下げてもらえれば、変更契約書に貼る印紙代や変更手数料くらいしかかからないので、かかっても2〜3万円程度で済みます。まずは、借り換えを検討する前に、いま借りている金融機関に金利引き下げ交渉をしてみましょう。

高圧的な態度にならないように、「金利がいまだいぶ低くなっているようですが、他の金融機関に借り換えするよりも○○銀行さん（いま借りている金融機関名）で金利を下げていただけるのであれば、そのほうがいいので金利を下げていただけないでしょうか？」と電話で聞いてみましょう。その際の注意点を5点ほど挙げます。

まず1点目は、**本人が電話をする**ことです。金融機関はたとえ配偶者であっても本人以外の問い合わせには応じません。

2点目は、これまで**返済を滞《とどこお》りなくおこなっている**ことです。金融機関は金利引き下げの依頼を受けたときに、金利を下げることができるお客様かどうか審査をしています。審査で確実に見られる内容として「これまできちんと返済をしているお客様であること」という要件がありますので、遅延《ちえん》なく返済をしていることが必要です。

3点目は、**現在も住んでいる**ことが大前提です。金融機関に無断で第三者に賃貸物件として貸しているという場合は、そもそも住宅ローンの契約違反となります。会社の転勤などやむを得ない事情で事前に届け出をしていれば例外が認められる場合もありますが、一般的には収益物件にしてしまった場合、住宅ローンよりも金利の高い「アパートローン」に借り換えるのが正式な手続きです。金利引き下げ交渉がうまくいった暁《あかつき》には変更契約書を結びますが、契約書に記載した住所が変更になっていて、そこで第三者に貸していることが発覚するようであれば、元も子もありませんので注意をしてください。

4点目は、金利引き下げ交渉では、**これから新たに借り入れする新規借入者向けの最優遇金利までは下がらない**点です。過去に契約した時点で借り入れした人と、いま新たに借り入れる人とでは、金融機関自体も調達している金利が異なりますので、まったく一緒の優遇をすることはできません。それでも他の金融機関に借り換えるよりはメリットがあるかどうかは、諸費用との兼ね合いで判断することになります。

最後の5点目ですが、**最近は銀行側がすでに住宅ローンを利用中のお客様に対して金利引き下げ交渉にのらない傾向になっている**点です。とくに、金融商品の販売手数料や海外で利益を上げているような大手都市銀行は、住宅ローン利用者の引きとめ工作（他金融機関に借り換えしないよう引きとめる）に消極的です。住宅ローンは金利競争が過熱しており、もはや金融機関にとっては収益が上がりづらい商品になっています。

いずれにしても、**金利引き下げ交渉がうまくいくかどうか、どれくらい金利を下げてもらえるかは、聞いてみないとわかりません。**金利をどれくらい引き下げてもらえるか確認したうえで、改めて他の金融機関に借り換えを検討するという選択肢もあります。まずは、いま借りている金融機関に金利を下げてもらえないか確認することから始めてみましょう。

Q8

変動金利1・175%で
借りています。
借り換えしたほうが
いいでしょうか？

A 残り23年間ずっと返済を続けるなら、0・2～0・3%台のローンに借り換えたほうが得

変動金利からより低い変動金利への借り換えについて、具体的な事例で検証してみましょう。

【相談者Kさん】 38歳会社員、妻と子2人の4人家族。12年前に5000万円の住宅ローンを組んで新築戸建を購入。もともと地縁のある場所で気に入っており、2人の子が巣立った後も、基本的には永住を希望。
【現在の状況（見直し前）】 月々返済額：10万1680円、ボーナス時加算額：26万1979円、ローン残高：3511万円、金利：1・175%（保証料分0・2%が金利上乗せされている）、残存期間：23年

Kさんが借りている金利に注目してください。Kさんは認識されていませんでしたが、相談をいただいてからよく調べてみた結果、保証料を金利に上乗せして支払っていました。

12年前に当時の最優遇金利で借りられていますが、保証料分が金利に＋０・２％上乗せされている状況です。

保証料を金利に上乗せして支払っている分、高く見えますが、借り入れ当初に保証料を一括で払っていたとすると、０・９７５％で借りていることになります。１％を切っていますので、著しく高い金利で借りているというわけではありませんが、今後の金利上昇に備えて変動金利で借りたままにするならば、最大限、金利を下げておきたいところです。

まずＫさんには、今後返済を何年続けるか確認しました。年齢は38歳ですので、このまま返済を最後まで続けた場合、最終返済時年齢は61歳です。65歳の定年退職までには返済が終わりますので、年金暮らしが始まった後にもローンが残る心配はなさそうです。

もし、途中で売却して住み替える予定がある場合は、その時点までの返済総額で比較検証する必要がありますが、Ｋさんは永住を希望しているとのことでした。

今後の返済計画を確認できたところで、いったん現在借りている金融機関に金利を下げてもらえないか、聞いてみることをアドバイスしました。すると、金利を▲《マイナス》０・２％下げて０・９７５％にするとの回答をもらえたそうです。

一方、他の金融機関に借り換えをした場合、いまの金利水準だと０・２〜０・３％台で借りられる可能性があります。借り換えには諸費用がかかりますが、残りの返済期間が23年と長く、金利を0・975％に下げてもらった場合と比べても金利差が約0・4％あるならば、借り換えを検討する余地がありそうです。

ここでは、三菱UFJ銀行の0・345％に借り換えると仮定して、比較シミュレーションをしてみましょう（63ページ）。

シミュレーションの結果、現状のまま何もしなかった場合（プラン①）と比べて、金利引き下げ交渉をすれば（プラン②）、総支払い額を87万円減らすことができます。

一方、三菱UFJ銀行に借り換えをすると（プラン③）、諸費用分も含めて借りるためローン残高は119万円増えてしまいますが、にもかかわらず返済額は月々、ボーナス時ともに減らすことができます。残り23年間、仮に金利が変わらなかった場合の総返済額は3777万円となり、現状と比べると▲234万円の削減です。

Kさんの場合は、借り換えをしたほうが得という結果になりました。

もし、10年以内に売却する予定がある方の場合は、借り換えにかかる費用との関係でメリットが出ない可能性もありますので注意が必要です。住宅ローンの見直しをするときには、今後のライフプランについてもしっかりと見直すようにしてください。

【住宅ローン見直しシミュレーション／変動金利⇒変動金利】

2023年4月時点

総支払額が少ない順		3位	2位	1位
プラン		プラン① 現状のまま 何もしない (現在の借入状況)	プラン② 現在の借入先に 金利引き下げ 交渉	プラン③ 三菱UFJ銀行に 借り換え
現在のローン残高 (プラン③は借入額)		3,511万円 (内ボーナス3割)	3,511万円 (内ボーナス3割)	3,630万円 ローン 完済資金 3,511万円 ＋ 諸費用 119万円
残存期間(回数)		23年(276回)	23年(276回)	23年(276回)
適用金利		1.175%	0.975%	0.345%
毎月返済額		101,680円	99,455円	95,779円
ボーナス時加算額		261,979円	256,167円	246,459円
総返済額(A) ※金利が不変と仮定		4,011万円	3,923万円	3,777万円
諸費用	見直しにかかる諸費用	0円	約1万円	約119万円
諸費用	うち、自己資金で支払う諸費用(B)	0円	約1万円	0
総支払額(A)+(B)		4,011万円	3,924万円	3,777万円
差額		±0	▲ 87万円	▲ 234万円

※諸費用は金融機関やローンの種類、返済方法、見直しの仕方などによって異なります。
事例は一つの参考例です。

Q9

変動金利0・625％で借りています。12年後に退職金で一括返済しますが、0・296％に借り換えてメリットがでるでしょうか？

A 12年後の60歳時に一括返済するならメリットはほとんどない。「戻し保証料」がある場合は…

この項目では、変動金利からより低い変動金利への借り換えを検討しているMさんの事例を見てみましょう。

【相談者Mさん】　48歳会社員、妻と子の3人家族。5年前に夫婦で6000万円の住宅ローンを組み、新築マンションを購入。変動金利0・625％で借りているが、auじぶん銀行0・296％のローンが気になっている。
【現在の状況（見直し前）】　月々返済額：11万6134円、ボーナス時加算額：25万8023円、ローン残高：5220万円、金利：0・625％（保証料は借り入れ時に一括払いしている）、残存期間：30年

Mさんが借りている金利は変動金利で0・625％です。けっして高い金利ではありませんが、0・2％台の住宅ローンがでてきているので気になっているようです。

ローンの残存期間は30年ですが、Mさんが78歳のときに返済が終わる計算です。実際には、会社員のMさんが60歳で定年退職を迎え、65歳から年金暮らしがスタートするなかで、78歳まで住宅ローンの返済を続けるのは現実的ではありません。Mさんに今後の返済計画を確認したところ、住宅ローン控除を最大限受けるために夫婦で多めの借り入れをしたが、60歳の定年退職時には貯蓄で一括返済する予定とのことでした。

そこで、auじぶん銀行の変動金利0・296％に借り換えると仮定し、現状の0・625％のまま返済を続けた場合と、返済シミュレーションによる比較検証をしてみました（69ページ）。いずれの場合も12年後の60歳時に一括返済する前提なので、今後12年間の返済累計額と12年後のローン残高を合算して比較します。

借り換えにかかる諸費用は約160万円ですが、自己資金で支払わず借入額に含めます。ローン残高5220万円と諸費用160万円を合わせた5380万円をauじぶん銀行で借りることにしました。

シミュレーションの結果、auじぶん銀行に借り換えたほうがローン残高は増えるものの金利が下がるので、月々返済額・ボーナス時加算額ともに減らすことができます。今後12年間返済を続けた場合の返済累計額は2250万円となり、現状のままの2292万円よりも42万円返済累計額を減らすことができました。

ただし、12年後のローン残高は3285万円と、現状のままの3248万円よりも37万円増えている点は注意をしてください。

結局、今後12年間の返済累計額に12年後のローン残高を足した合計額は、現状のままが5540万円、借り換えた場合が5535万円と、その差わずか5万円です。経済メリットはほとんどでないなかで、手間を考えると借り換えするかどうか微妙なところではないでしょうか。

ただし、**もしいま借りているローンが、繰り上げ返済をすると保証料が戻ってくるタイプのローンならば、借り換えを検討する価値があります。**

Mさんはいま返済中の住宅ローンを借入したときに35年分の保証料を現金一括で支払いました。保証料一括前払型の住宅ローンの場合、繰り上げ返済や一括返済をすると短縮した期間分の保証料が還付《かんぷ》されます。Mさんの場合は、借り換えをすると残り30年分の保証料として76万円が現金で戻ってくる見込みです。

ちなみにいまのローンのまま返済を続けた場合でも、60歳のときに一括返済すれば残りの18年分の保証料が18万円ほど戻ってきます。最終的に、それぞれの戻し保証料も考慮す

**【都市銀行の「戻し保証料」の参考例
——6,000万円を35年・元利均等返済で借りた場合】**

借入時支払い保証料	戻し保証料（概算）				
	5年後	10年後	15年後	20年後	25年後
124万円	76万円	44万円	24万円	12万円	4万円

※金融機関や商品、審査時の融資条件などによって異なります。

ると、借り換えした方が▲63万円支払い総額が減るので得という結果になりました。

注意が必要なのは、事務手数料型のローンや保証料金利上乗せ型のローンなど保証料が戻らない種類のローンを借りている人が、同じような金利条件・返済期間で借り換えを検討する場合は、借り換えメリットが出ない可能性がある点です。また、戻し保証料の金額は、当初借入額や残存期間、融資条件などにより異なります。

個々に計算する必要がありますが、一例として上の表の都市銀行の例を参考にしてみてください。

戻し保証料の具体的な金額については金融機関側も事前には教えてくれないケースが多いですが、ダメ元で聞いてみてください。

そもそも自分のローンが保証料型なのか、最初に保証料を一括で払ったのかわからないという方も多いでしょう。

【住宅ローン見直しシミュレーション　変動金利⇒変動金利】

2023年4月時点

12年後、60歳の定年退職時に完済する場合

プラン	プラン① 現状維持 （現在の借入状況）	プラン② auじぶん銀行に 借り換え
現在のローン残高 （プラン②は借入額）	5,220万円	5,380万円 （ローン完済資金 5,220万円＋諸費 用160万円）
残存期間（回数）	30年（360回） ※12年後に一括 返済予定	30年（360回） ※12年後に一括 返済予定
適用金利	0.625%	0.296%
毎月返済額	116,134円	114,098円
ボーナス時加算額	258,023円	252,734円
残り12年間の返済累計額（D） ※金利が不変と仮定	2,292万円	2,250万円
12年後のローン残高（E）	3,248万円	3,285万円
返済総額　(D)+(E)	**5,540万円**	**5,535万円**
差額	**±0**	**▲ 5万円**

戻し保証料(F)	**▲ 18万円**	**▲ 76万円**
戻し保証料考慮後の 総支払額　(D)+(E)+(F)	**5,522万円**	**5,459万円**
差額	**±0**	**▲ 63万円**

※諸費用は金融機関やローンの種類、返済方法、見直しの仕方などによって異なります。

そういう場合は、契約当初の書類で確認してみてください。

それでもわからないという場合は、私のような住宅ローン専門家に相談するという手もあります。

戻し保証料は、完済してから1か月後くらいに保証会社から返済口座に入金される形で還付されます。そのため、返済が終わったからといってすぐさま口座を解約しないよう注意が必要です。

これまで数多くのお客様の住宅ローンの見直し相談にのってきましたが、借り換え前と借り換え後の金利差がおおむね0・3〜0・4%程度であり、実際に返済を続ける期間が10年前後の場合、諸費用を考慮すると借り換えメリットがでにくくなっています。

住宅ローンの借り換えを検討するときには、単純なローンの残存期間ではなく、**実際に返済を続けるのはあと何年なのか、売却資金や退職金、預貯金あるいは相続財産などの資金を使って、途中で一括返済する見込みがあるのかどうか、あるとしたらそれはいつごろなのか、**といったことが大きくかかわってきます。

そこを考えずに借り換えをすると、結果として損する可能性もあるので、今後のライフプランやマネープランをしっかり考えたうえで借り換えを検討するようにしてください。

Q10

借り換え時には団信のほか、住宅ローンにセットできる保険に加入したほうがいいでしょうか？

A 50歳以下なら「住宅ローンのがん保障」は一考の価値あり

住宅ローンにセットされる保険といえば、団体信用生命保険（略して「団信」）がありますが、オプションで特定疾病保険なども用意されています。金融機関によって異なりますが、大きく分けると住宅ローンに付保できる保険には以下のようなものがあります

●住宅ローンにセットできる保険
①がん保障
②特定疾病《しっぺい》保障
③自然災害保障

①がん保障
住宅ローンにオプションでセットできる保険で一番人気が、このがん保障です。ひと口にがん保障といっても、金融機関によって保障内容や保険金支払条件が異なります。なか

でも人気の商品は、**がんと診断確定されればその時点の住宅ローン残高が全額保険金で弁済されるタイプ**のものです。

通常、医療保険として販売されている「がん保険」であれば、がんになったときに一時金として数十万円〜数百万円が支給され、入院費用が日額5000円〜1万円程度、所定の日数分支給されるような保障が一般的です。

それを考えると、住宅ローンにセットできるがん保障は、住宅ローン残高と同じ数千万円の保障がついているので、手厚い保障となっています。がんが心配な人にとっては検討する価値がある保障といえるでしょう。

ただし、加入できるのは50歳以下（金融機関によって異なる）に限定されています。また、一部の金融機関が取り扱うがん保障は、がんに罹患《りかん》した後60日〜90日間など所定の期間、就業不能状態にならないと保険金が支払われないものもあるので、注意をしてください。

古い時代の住宅ローンにセットされていたがん保障は、ほとんどがこのタイプの保障です。がん保障は時代の変化とともに進化していますので、借り換えを検討しているのであれば、以前は関心のなかったがん保障を改めて検討してみる手もあります。

Q9でご紹介した相談者Mさんの借り換えの事例がまさにこのケースです。Mさんは借り換えによる総支払額の削減は▲《マイナス》63万円ですが、借り換えによってがん保障50%が新たに付保されることも大きなメリットと感じていました。

がん保障の保険料は、通常の金利に＋0・1%～＋0・2%上乗せされ毎月の返済のなかで支払っていくケースが多いのですが、auじぶん銀行はがん50%保障が無料でついているのです。48歳のMさんは、がん団信に加入できるぎりぎりの年齢だったことも借り換えを決断する決め手となりました。

参考までに2023年3月時点でがん保障が無料、もしくは金利に＋0・1%の上乗せで付保できる金融機関を挙げておきます（75ページ）。

②特定疾病保障

がん以外の疾病にも備える保障です。**がん**に**急性心筋梗塞**《しんきんこうそく》、**脳卒中**《のうそっちゅう》を合わせた3大疾病保障や、さらに**高血圧**、**糖尿病**、**腎不全**《じんふぜん》、**肝硬変**《かんこうへん》の4つの生活習慣病を加えた7大疾病保障などを、金利に＋0・3%程度上乗せする保険料で取り扱っている金融機関が多くなっています。

がん以外の病気に関しては保険金支払条件が厳しく、病気が原因で30日～90日以上など所定の期間就業不能になると月々の返済が免除されたり、その状態が一定期間を超えると

【がん保障が無料または+0.1%だけ金利上乗せの金融機関】

※表中の用語の説明
がん100%保障 ……… がんと診断されたらローン残高が0円になる保障
がん50%保障 ……… がんと診断されたらローン残高が1/2になる保障

千葉銀行	がん100%保障が無料でセット
ソニー銀行 auじぶん銀行 PayPay銀行 楽天銀行 住信SBIネット銀行	がん50%保障が無料でセット
みずほ銀行	金利+0.1%でがん100%保障
SBI新生銀行	金利+0.1%でがん100%保障
三井住友信託銀行	金利+0.1%でがん50%保障

ローン残高が0円になったりする商品が一般的です。

最近は入院日数が短期化しており、入院せず通院で治療をするケースもあるので、保険金支払条件をクリアするかどうか微妙なところかもしれません。

ただし、一部の金融機関では、急性心筋梗塞と脳卒中に関しては、入院や手術をしただけでローン残高が0円になる特定疾病保障を扱っています。万一のことを考えると魅力的な保障ですが、あれもこれもつけると金利が高くなります。オプションの保険を検討するときには、保障の中身をしっかり確認しつつ、費用対効果で考えたときに付保したほうがよいと判断したものだけに加入するようにしてください。

③自然災害保障

一部の金融機関では、住宅ローンを組んだ住宅が**地震**、**洪水**、**雪災**などの自然災害に被災した場合、**損害割合に応じて月々の返済額を数か月~2年間ほど免除**してくれる保障があります。がん保障や特定疾病保障と比較すると小さい保障になっているのが特徴です。

三井住友銀行、みずほ銀行、りそな銀行では全壊するとローン残高が半分になる保障もありますが、金利上乗せが+0・5%または+0・3%と高く、全壊の認定基準も厳しくなっています。

【住宅ローンにオプションでセットできる特定疾病保障の例】

金融機関 商品名	保険料	おもな保障内容(表に記載以外の保障もあります)		
		がん	心筋梗塞 脳卒中	その他の疾病
三菱UFJ銀行 ビッグ&セブン (7大疾病保障) 「3大疾病保障 充実プラン」	金利 + 0.3%	がんと 診断されたら ローン残高0円	入院したら ローン残高0円	●高血圧、腎不全、糖尿病、肝硬変で30日超の就業障害で月額返済が0円 ●上記が1年30日超継続したらローン残高0円
三井住友銀行 8大疾病保障	金利 + 0.3%	がんと 診断されたら ローン残高0円	労働制限や後遺障害など所定の状態60日以上継続と医師に診断されたらローン残高0円	●高血圧、腎不全、膵炎、糖尿病、肝硬変で30日超の就業障害で月額返済が0円 ●上記状態が1年30日超継続したらローン残高0円
りそな銀行 3大疾病保障	金利 + 0.25%	がんと 診断されたら ローン残高0円	手術をしたら ローン残高0円	—

※それぞれ細かい要件があります。詳細は各金融機関のホームページでご確認ください。

【住宅ローンにオプションでセットできる自然災害保障の例】

金融機関	保険料	おもな保障内容
三井住友銀行	金利+0.1%	損害割合に応じて半年〜2年のあいだ、月々とボーナス時の返済が免除
	金利+0.5%	全壊したらローン残高が半分免除
みずほ銀行 りそな銀行	金利+0.1%	損害割合に応じて半年〜2年のあいだ、月々とボーナス時の返済が免除
	金利+0.3%	全壊したらローン残高が半分免除
三井住友 信託銀行	金利+0.1%	損害割合に応じて半年〜2年のあいだ、月々とボーナス時の返済が免除
SBI新生銀行	— (固定金利を選択した場合に無料でセット)	当初10年のあいだ、損害割合に応じて半年〜2年のあいだ、月々とボーナス時の返済が免除

Q11

変動金利で借りています。固定金利に借り換えるべきでしょうか？［1］

A 固定金利に借り換えたほうがいい人とは

変動金利から固定金利に借り換えたほうがいいかどうかは、人によって異なります。いま借りている金利が何%なのか、いま何歳であと何年返済を続けるのか、保有している資産や家計の状況、ご自身の性格によっても異なるので、いちがいにどちらが正解かは言い切れません。傾向としては、以下にあてはまる人は変動金利から固定金利に借り換えたほうがよいでしょう。

●変動金利から固定金利に借り換えたほうがいい人

・いま借りている住宅ローンが変動金利で2%以上の人
・年収が減少している人、貯蓄取り崩し期にある人
・性格的に金利上昇が不安で落ち着かないという人

実際に変動金利から固定金利に借り換えをされたお客様の事例をご紹介します。

19年前に新築戸建を購入、昨年定年を迎えた男性Sさん（61歳）の事例

Sさんは42歳のときに4000万円のローンを組んで新築戸建を購入しました。当初10年間は固定金利1％と低い金利でしたが、11年目に金利優遇が終わり、変動金利2・475％に引き上げられたとのことです。見直しをしようと思いつつも、忙しくてついつい後回しになり、いままで借り換えせずにきてしまいました。

すでに19年間きちんと返済を続けていますが、その間2人のお子様を立派に育て上げられ、いまは2人とも就職をしています。昨年定年を迎え退職金が入りましたが、退職金は老後資金にとっておきたいので、再就職して、できるだけ長く就労収入を得てローンの返済を続ける予定です。

心身ともに丈夫で専門職のため仕事はあるのですが、定年前の50代のときと比べると収入が激減し、ボーナスもほとんど支給されなくなっています。収入が多かった現役時代とはだいぶお金に対する考え方が変わり、今後、年金暮らしが始まることも考えると、金利上昇の不安からとにかく解放されたいとおっしゃっていました。

ヒアリングを重ねた結果、**借り換えにあたりAさんが希望していることの優先順位をま**

【変動金利から固定金利に借り換えたSさんの事例】

	ローン残高	金利	月々返済額	ボーナス時加算額	年間返済額	残存期間の返済累計額
借り換え前	2,127万円	2.475%	9万3,822円	24万2,131円	161万円	2,582万円
					↓ ▲9万円	↓ ▲144万円
借り換え後	2,200万円(※)	1.3%	12万6,974円	0円	152万円	2,438万円

(※)借り換えに必要な諸費用73万円を住宅ローン残高に上乗せして借り入れ

とめると、①「ボーナス返済をなくしたい」②「金利を固定し返済額を確定させたい」③「月々の返済額は増えると思うが、金利が下がって総返済額が減るならば、なおよい」という順番です。

結果、Sさんは固定金利1・3%に借り換えをおこない、ボーナス時の返済をなくしつつ、総返済額を▲《マイナス》144万円も減らすことに成功しました。

Sさんのように定年退職後も住宅ローンの返済を続ける人は少なくありません。40代で家を買う例は珍しくありませんが、大半の人は30年〜35年の最長ローンを組んでおり、繰り上げ返済をしない限りは75歳〜80歳まで返済が続く借り方をしているからです。

理想は65歳までに繰り上げ返済をしてローンを終えることですが、Sさんのように専門職で安定した収入が定年後も期待できる方や、一気に現金を減らしたくないなどの理由で65歳以降も返済を続けるケースもあります。

ただし、65歳以降も返済を続ける場合、現役時代と違って想定外に金利が上昇するリスクは経済的にも精神的にも受け入れ難いものです。

住宅ローンのつき合い方は資産運用と同じですが、資産形成期の現役時代と貯蓄取り崩しのセカンドライフ時期とでは、適した金利や返済方法が異なります。たとえば、定年後は一括返済する選択肢のほかに、金利や返済額が変動するリスクをおさえつつ、なるべく手元資金を減らさないように返済を続けていくのも、ひとつの方法です。

変動金利→固定金利 借り換え事例②

新築マンションを購入したばかりの単身女性（38歳）の事例

先ほどのSさんの場合は、金利を固定しつつ下げることもできたので一石二鳥でしたが、なかには金利が上がっても固定金利に借り換えしたいという人もいます。

以前、新築マンションを購入して一か月しか経っていないお客様が「金利上昇ニュースが気になって夜も眠れない」と借り換え相談に訪れたことがありました。このとき上がっていたのはアメリカの金利で、日本では上がっていなかったのですが、ちょうどいまと似たような状況だったといえます。

日本ではいまのところ上がっていないので、まずは心配し過ぎないようお伝えしましたが、「それでも心配でたまらない、とにかく住宅ローンや金利のこと、お金のことを考えるのが嫌」とおっしゃっていました。不動産会社に薦められたまま、よく考えずに変動金利で借りたことを後悔しており、一刻も早く不安から解放されたいとお悩みです。

結局、このお客様は金利も返済額も上がりましたが、固定金利に借り換えをしました。借り換えをした後に「これで住宅ローンのことを考えずに済む。やっと寝られる」と安心されていたのが印象的でした。**変動金利から固定金利に借り換えることで、経済的なメリットではなく精神的なメリットを得るという考え方も確かにあるようです。**

そのほか、2016年に変動金利から固定金利に借り換える人が銀行に殺到したときのように、長期金利が急落したときは固定金利に急いで借り換えたほうがいいといった、金利相場の波にうまく乗っていく考えもあります。

そういう意味では、全期間固定金利が再び1%を下回ったとしたら、そのときは固定金利に借り換えるチャンスです。

Q12

変動金利で借りています。固定金利に借り換えるべきでしょうか？［2］

A 固定金利に借り換える必要がない人とは

●**こんな人は固定金利への借り換えを考えなくてよい**
・いつでもおろせる貯蓄がある程度ある人
・毎月の家計収支が黒字で、月々の返済額が２万円～４万円程度増えても返せる人
・金利のニュースに関心があり、利上げにすぐ気がつく人
・性格的にリスクを受け入れられる人

変動金利から固定金利に借り換えしたほうがいいかを考えるときには、今後、変動金利が上がったときには月々の返済額がどれくらい増えるのか、事前に知っておく必要があります。そのうえで、増額分は毎月の収入で返済できる範囲なのか、それとも貯蓄を切り崩して繰り上げ返済で対応するのか、はたまたそれはとても無理なのでいまから固定金利に借り換えると判断するのか、人によって対応策が分かれるところでしょう。

【表Ⓐ 都市銀行の住宅ローン変動金利（最優遇金利）過去の金利推移と今後の上昇想定】

高度経済成長	バブル	金融ビッグバン		大規模金融緩和	→	
1980年（43年前）	1990年（33年前）	1998年（25年前）	2003年（20年前）	2013年（10年前）	2018年（5年前）	2023年（いま）
8.52%	8.5%	2.475%	1.375%	0.875%	0.625%	0.375〜0.475%

想定③	想定②	想定①
いまよりも＋2%高い水準	いまよりも＋1%高い水準	いまよりも＋0.5%高い水準

悩ましいのは、今後金利が上がるのか、上がるとしたらいつどれくらい上がるのかは誰にもわからない点です。あくまでも単なる想定に過ぎませんが、ここでは過去の金利水準を参考にいくつかの上昇パターンを想定し、シミュレーションをしてみたいと思います。

表Ⓐを見てください。2023年現在の変動金利の最優遇金利は0・375〜0・475%程度です。対して10年前の2013年はいまよりも0・5%高く、20年前の2003年は＋1%、25年前の1998年は＋2%、それぞれ高くなっています。

この3つの上昇幅を想定し、仮に13年後に＋0・5%、＋1%、＋2%上昇した場合のシミュレーションが**表Ⓑ**（想定①〜③）です。

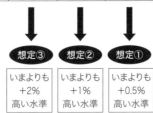

【表Ⓑ 最後まで変動金利で借りる場合の金利上昇シミュレーション〈想定①〉】

5年後から金利が+0.1%ずつ上昇し、13年後に累計+0.5%上昇した場合

月々返済額の推移(当初返済期間:35年、月々返済のみ〈ボーナス返済なし〉、元利均等返済)
上段:5年・125%ルールが適用されるローン(都市銀行はじめ一般的な銀行)の月々返済額
下段:5年・125%ルール適用がないローン(ソニー銀行、PayPay銀行など)の月々返済額

経過年数	金利 \ 当初借入額	3,000万円	4,000万円	5,000万円	6,000万円
当初	0.475%	77,545円	103,393円	129,241円	155,089円
		77,545円	103,393円	129,241円	155,089円
5年後	0.575%	78,688円	104,918円	131,147円	157,377円
		78,688円	104,918円	131,147円	157,377円
7年後	0.675%	78,688円	104,918円	131,147円	157,377円
		79,767円	106,357円	132,946円	159,535円
9年後	0.775%	78,688円	104,918円	131,147円	157,377円
		80,781円	107,708円	134,635円	161,562円
11年後	0.875%	80,970円	107,960円	134,951円	161,941円
		81,727円	108,969円	136,211円	163,454円
13年後	0.975%	80,970円	107,960円	134,951円	161,941円
		82,603円	110,137円	137,671円	165,206円
15年後	0.975%	83,106円	110,809円	138,511円	166,213円
		82,603円	110,137円	137,671円	165,206円

【表Ⓑ 最後まで変動金利で借りる場合の金利上昇シミュレーション〈想定②〉】

5年後から金利が+0.2%ずつ上昇し、13年後に累計+1.0%上昇した場合

月々返済額の推移(当初返済期間:35年、月々返済のみ〈ボーナス返済なし〉、元利均等返済)
上段:5年・125%ルールが適用されるローン(都市銀行はじめ一般的な銀行)の月々返済額
下段:5年・125%ルール適用がないローン(ソニー銀行、PayPay銀行など)の月々返済額

経過年数	金利＼当初借入額	3,000万円	4,000万円	5,000万円	6,000万円
当初	0.475%	77,545円	103,393円	129,241円	155,089円
		77,545円	103,393円	129,241円	155,089円
5年後	0.675%	79,843円	106,457円	133,072円	159,686円
		79,843円	106,457円	133,072円	159,686円
7年後	0.875%	79,843円	106,457円	133,072円	159,686円
		82,032円	109,376円	136,720円	164,064円
9年後	1.075%	79,843円	106,457円	133,072円	159,686円
		84,106円	112,141円	140,177円	168,212円
11年後	1.275%	84,506円	112,674円	140,843円	169,011円
		86,057円	114,743円	143,429円	172,115円
13年後	1.475%	84,506円	112,674円	140,843円	169,011円
		87,879円	117,173円	146,466円	175,759円
15年後	1.475%	88,977円	118,636円	148,295円	177,955円
		87,879円	117,173円	146,466円	175,759円

【表Ⓑ 最後まで変動金利で借りる場合の金利上昇シミュレーション〈想定③〉】

5年後から金利が+0.4%ずつ上昇し、13年後に累計+2.0%上昇した場合

月々返済額の推移(当初返済期間:35年、月々返済のみ〈ボーナス返済なし〉、元利均等返済)
上段:5年・125%ルールが適用されるローン(都市銀行はじめ一般的な銀行)の月々返済額
下段:5年・125%ルール適用がないローン(ソニー銀行、PayPay銀行など)の月々返済額

経過年数	金利＼当初借入額	3,000万円	4,000万円	5,000万円	6,000万円
借入当初	0.475%	77,545円	103,393円	129,241円	155,089円
		77,545円	103,393円	129,241円	155,089円
5年後	0.875%	82,184円	109,579円	136,974円	164,369円
		82,184円	109,579円	136,974円	164,369円
7年後	1.275%	82,184円	109,579円	136,974円	164,369円
		86,684円	115,579円	144,474円	173,369円
9年後	1.675%	82,184円	109,579円	136,974円	164,369円
		91,019円	121,359円	151,699円	182,038円
11年後	2.075%	91,909円	122,546円	153,182円	183,819円
		95,162円	126,883円	158,604円	190,324円
13年後	2.475%	91,909円	122,546円	153,182円	183,819円
		99,089円	132,119円	165,149円	198,179円
15年後	2.475%	101,686円	135,582円	169,477円	203,373円
		99,089円	132,119円	165,149円	198,179円

返済額は、上段が「5年・125%ルールが適用されるローン」で、下段が「5年・125%ルールが適用されないローン」となっています。

「5年・125%ルール」は一般的な金融機関であれば元利均等返済の変動金利に適用されますが、一部、ソニー銀行やPayPay銀行のようにこのルールを採用していない商品もあります。ご自身で借りているローンがどちらか確認して表を見てください。

再三お伝えしたように、実際には金利は一本調子に上昇を続けるわけではなく、上がり下がりを繰り返します。また上がるタイミングや上昇幅も一定ではなくランダムになるのが普通です。シミュレーションはあくまでも机上《きじょう》の仮定と思ってください。

そのうえで、3つのシミュレーションのなかでは最も悲観的なシナリオである想定③の表の15年後の返済額を見て、「返せなくはない」と思う人は、変動金利のリスクを受け入れられる人です。**万一の場合にも対応できることが確認できれば、あとは将来の金利が不確実ななかで「低水準のまま推移する可能性にかけたい」と考えるなら固定金利に借り換える必要はないでしょう。**ただし、変動金利で借りる以上は、万一に備えて繰上返済できるよう、いつでもおろせる貯蓄を手元にキープしておくようにしてください。また、金利の動向をウォッチすることも忘れないようにしてください。

Q13

変動金利のままいくか、固定金利に借り換えるか。金利の損益分岐点は？

A 13年後までに累計で＋2％金利が上がるならば、いま固定金利に借り換えたほうが得

リスクを受け入れて変動金利で借りたままにしておくか、それともいまのうちに固定金利に借り換えておくべきか、本当に悩ましい問題です。これまでお伝えしたとおり、いま借りている金利や年齢をはじめ、いくつかの要素を考慮して判断する必要があります。

将来金利が上がった場合に「いま、固定金利に借り換えておいた場合」と「変動金利で借り続けた場合」、どちらが返済総額は少なく済むのかという経済合理性の観点から見るとどうなるでしょうか。

将来の金利がわからない以上、これも仮定の金利でシミュレーションするしかないのですが、これまでの項目で検証してきた将来の金利上昇の想定値を利用して比較してみましょう（94～95ページ）。まず、固定金利に借り換えた場合のシミュレーションが表Ⓐです。

変動金利のままの場合の利上げの想定は表Ⓑのとおり3パターン用意し、いまから5年後に金利上昇が始まり、2年ごとにそれぞれ＋0・1％、＋0・2％、＋0・4％ずつ上昇、13年後にはいずれも利上げがとまる想定です。想定されるターゲットとして、いまか

ら借りる人、5年前に借りた人、10年前に借りた人の3者を想定し、それぞれいま借りている変動金利の水準を0・475%、0・625%、0・875%としています。

シミュレーションの結果、3者とも同じ結果となりましたが、総返済額が一番少なくて済むのは、当然、変動金利で借りたまま最後まで金利が変わらなかった場合です。その次に少ないのは、変動金利で借りたまま想定①②の順で利上げが起こった場合となり、想定③まで金利上昇が起こるのであれば、いま固定金利に借り換えたほうが得という結果になりました。

つまり、シミュレーションのケースでは、今後13年間で累計2%以上金利が上がらなければ、固定金利に借り換える必要はほとんどないということ。逆に、13年後に累計+2%以上金利が上がると思うなら、いま固定金利に借り換えておいたほうが賢明といえます。

徐々に金利が上がり、13年間で累計2%上昇という想定が現実となる可能性は、ないかもしれませんし、あるかもしれません。未来の金利を予測するのは無理ですので、ここは淡々と万一のリスクをシミュレーションの数値でとらえるようにしてください。

諸条件や利上げに対する考え方も人によって異なりますので、本書を参考にそれぞれご自身のパターンでシミュレーションをするようにしてください。

【表Ⓐ いま、固定金利に借り換えた場合の返済シミュレーション】

〈前提条件〉当初借入額5,000万円、当初返済期間：35年、
返済方法：月々返済のみ、元利均等返済
・借り換え先はりそな銀行の全期間固定金利（2023年3月現在）に借り換えすると仮定
・借り換え時諸費用は自己資金で支払うと仮定
・借り換え前の変動金利は借り入れ当初から変わっていないものと仮定

りそな銀行 全期間固定金利 （融資手数料型） ※2023年3月現在	返済期間	25年以内	25年超
	全期間固定金利	1.365%	1.465%

想定される人	いまから借りる人	5年前に借りた人	10年前に借りた人
金利条件	最初から35年固定1.465%で借りた場合	変動金利0.625%から固定金利1.465%へ借り換え	変動金利0.875%から固定金利1.365%へ借り換え
借り換え前返済額	15万2,236円（借り換えしない）	13万2,574円	13万8,249円
借り換え後返済額		14万9,428円	14万6,584円
総返済額（あ）	6,394万円	6,175万円	6,057万円
借り換え時諸費（い）	—	130万円	113万円
支払総額（あ）＋（い）	**6,394万円**	**6,305万円**	**6,170万円**

④位

【表Ⓑ 最後まで変動金利で借りる場合の金利上昇シミュレーション】

〈前提条件〉当初借入額5,000万円、当初返済期間:35年、
返済方法:月々返済のみ、元利均等返済
・5年・125%ルールが適用される変動金利で借り入れした場合

想定される人		いまから借りる人	5年前に借りた人	10年前に借りた人	
現在の金利 月々返済額		変動金利0.475% 12万9,241円	変動金利0.625% 13万2,574円	変動金利0.875% 13万8,249円	
金利が変わらなかった場合の総返済額		**5,429万円**	**5,569万円**	**5,807万円**	1位
利上げ想定①	今後の金利上昇の想定	13年後には累計+0.5%上昇し、その後上昇はとまると想定			
利上げ想定①	月々返済額	12万9,241円〜 13万8,511円	13万2,574円〜 13万8,742円	13万8,249円〜 14万4,716円	
利上げ想定①	**総返済額**	**5,696万円**	**5,718万円**	**5,917万円**	2位
利上げ想定②	今後の金利上昇の想定	いまから5年後に金利が上昇。2年ごとに+0.2%ずつ上がり、13年後には累計+1.0%上昇し、その後上昇はとまると想定			
利上げ想定②	月々返済額	12万9,241円〜 14万8,295円	13万2,574円〜 14万8,612円	13万8,249円〜 15万1,440円	
利上げ想定②	**総返済額**	**5,978万円**	**5,936万円**	**6,030万円**	3位
利上げ想定③	今後の金利上昇の想定	いまから5年後に金利が上昇。2年ごとに+0.4%ずつ上がり、13年後には累計+2.0%上昇し、その後上昇はとまると想定			
利上げ想定③	月々返済額	12万9,241円〜 16万9,477円	13万2,574円〜 16万6,193円	13万8,249円〜 16万5,697円	
利上げ想定③	**総返済額**	**6,584万円**	**6,334万円**	**6,269万円**	5位

※表中の順位(1〜5位)は、総返済額が少ない順です。

Q14

夫婦ペアローンで借りています。妻の変動金利だけ借り換えたいのですが…

A 夫婦の一方だけを借り換えはできない

夫婦共働きのご家庭では、夫と妻それぞれがローンを組むペアローンで借りるご夫婦が多くなっています。たとえば、夫婦で合計5000万円のローンを組むときに、半分の2500万円ずつ組むご夫婦もいれば、年収割合に応じて夫が3000万円、妻が2000万円といった具合に借りるご夫婦もいます。

このペアローンで借りているお客様から、「夫(妻)が借りているローンだけ借り換えしたい」というご相談がたまにあるのですが、これはできませんのでご注意ください。

夫の分だけ、もしくは妻の分だけ借り換えしたいというご夫婦の場合、夫婦で金利の種類を変えているケースが多く見られます。たとえば、夫は変動金利、妻は全期間固定金利で借りているといった具合です。

この借り方では、変動金利の当初金利が低いメリットと固定金利の金利を固定できるメリットの両方を享受《きょうじゅ》しつつ、金利が変動するリスクを半分に軽減しリスクヘッジすることができます。リスクヘッジする借入方法は、ほかにも、1人でローンを組む場合に、変動金利と固定金利の2本に分けてローンを組む「ミックスローン」という方法があります。

2本のうち1本だけを借り換えたいというお客様の意図は、「金利先高観がでてきたので変動金利で借りているローンだけ固定金利に借り換えたい」あるいは、「月々の返済額を少しでも安くしたいので、金利が高い固定金利のローンだけ変動金利に借り換えたい」というものです。しかし、いずれの場合も片方のローンだけを借り換えることはできません。

ペアローンやミックスローンで借りている場合、借り換えをするときはすべてのローンを借り換える必要があると覚えておいてください。

なぜ片方のローンだけ借り換えすることができないかというと、住宅ローンを借りるときにはご自宅の土地建物に金融機関が抵当権を設定しているからです。いわば土地と建物を担保に差し出すことで、金融機関は融資をしてくれます。

2本ローンのうち1本だけを借り換えるということは、先に借りていたA銀行の抵当権を半分はずしてもらい、後から借りるB銀行の抵当権を第2順位で設定するということになります。実際は、A銀行もB銀行もまず認めてくれません。

A銀行にとってもB銀行にとっても他の金融機関が同じ土地建物に抵当権を設定してしまうと自分の債権に対する担保が保全されないためです。ちなみに抵当権については、ご

【自宅の登記事項証明書(登記簿謄本)に抵当権が記載されている部分】

権　利　部　（乙区）　（所有権以外の権利に関する事項）			
順位番号	登記の目的	受付年月日・受付番号	権利者その他の事項
1	抵当権設定	令和4年12月20日 第1234号	原因　令和4年12月20日保証委託契約に基づく求償債権　令和4年12月20日設定 債権額　金5,800万円 損害金　年14%（年365日日割計算） 債務者　横浜市中区山の手1-2-3 横浜星子 抵当権者　東京都中央区中央6-7-8 スターダスト信用保証株式会社

第1位の抵当権（→ 順位番号1）

金融機関や保証会社の名前が抵当権者として記載されている（→ 抵当権者）

自宅の登記事項証明書（不動産登記簿謄本）の権利部（乙区）という欄に記載されています。興味がある方は、ご自宅の登記事項証明書を見てみてください。

住宅ローンでも資産運用でもライフプランでも何でもそうですが、時間の経過に伴いその時々で自身の考え方が変わることはよくあります。当初はリスクヘッジすることを重要視していたため金利を分けて借り入れしていたものを、環境の変化に伴い金利を一本化したいと考えが変わることもあるかもしれません。

一方でリスクヘッジすることが目的であったのであれば、一時の気の迷いに惑わされず最後まで金利を分けておいたほうがいいのかもしれません。何が正解かは人それぞれですが、なるべく長期的・多角的な視野で考えたうえで、2本とも借り換えるのか、そのまま借り換えせずにいくのか決断するようにしてください。

Q15

マイホームを購入した当時より、年収が下がっています。借り換えできるでしょうか？

A 同じ年収でも借入可能額は金融機関によって大きく異なる

マイホームを取得して何年か経つと、年収がダウンすることもあります。時短勤務や転職、中途退職したことが原因で年収が下がった方もいれば、管理職に昇進して残業代がつかなくなり年収がダウンした方もいました。

住宅ローンの審査では、借入額に対して必要な年収を満たしているかどうか審査されます。一般的には、審査申込時の前年の年収で審査するため、住宅購入時よりも前年の年収が下がったという方は注意が必要です。とくに大幅に収入がダウンするケースは要注意ですが、そのひとつの例として、共働きの夫婦が片働きになるケースが挙げられます。

たとえば年収600万円の夫と年収400万円の妻が収入を合算すると世帯年収1000万円になりますが、妻が退職し、夫が単独で借り換える場合は年収600万円です。1000万円と600万円では当然借入可能額が大きく異なります。

また、購入当初よりも年齢を重ねたことで、ローンを組める年数が短くなっている点も注意が必要です。ローンを組める年数が短くなればなるほど借入可能額も少なくなります。

むろん、借り換えの場合は、年齢を重ねた分だけ返済をしてきているわけですが、ローン残高の減るスピードよりも借入可能額が減るスピードのほうが速いと、希望する借入額に届かない可能性があります。

金融機関は、借入可能額を算出する際には、融資する金利ではなく、審査金利といって高めの金利で計算をしています。審査金利で計算した年間返済額が既定の返済負担率（年間返済額÷年収）に収まっていることが重要なポイントです。

金融機関によって異なりますが、審査金利は４％前後、返済負担率の上限は35〜40％で審査する金融機関が多くなっています。実際には金融機関の審査を受けてみないと確かなことはわからないのですが、参考までに年収と返済期間ごとに借入可能額のめやすをまとめた次の表をご覧ください。ここでは審査金利４％、返済負担率（年間返済額÷年収）37％で算出しています。

表中の年収１０００万円でこれから借りる人（返済期間35年）のところを見てください。借入可能額の目安は６９６０万円となっています。世帯年収１０００万円の共働き夫婦は、住宅購入時には目安として６９６０万円の借入が可能ということです。

しかし、５年後に妻が退職することになりました。５年後の夫の年収が６００万円だと

【年収・返済期間別借入可能額の目安】

※審査金利4%・返済負担率37%として算出

返済期間＼前年年収	これから借りる人(45歳未満の人)	借り換えの人 残りの返済期間				
	35年	30年	25年	20年	15年	10年
300万円	2,080万円	1,930万円	1,750万円	1,520万円	1,250万円	910万円
400万円	2,780万円	2,580万円	2,330万円	2,030万円	1,660万円	1,210万円
500万円	3,480万円	3,220万円	2,920万円	2,540万円	2,080万円	1,520万円
600万円	4,170万円	3,870万円	3,500万円	3,050万円	2,500万円	1,820万円
700万円	4,870万円	4,520万円	4,080万円	3,560万円	2,910万円	2,130万円
800万円	5,570万円	5,160万円	4,670万円	4,070万円	3,330万円	2,430万円
900万円	6,260万円	5,810万円	5,250万円	4,570万円	3,750万円	2,740万円
1,000万円	6,960万円	6,450万円	5,840万円	5,080万円	4,160万円	3,040万円

すると、残りの返済期間は30年となり、借入可能額は3870万円です。購入時よりも借入可能額が3000万円以上減ってしまっています。仮に、住宅購入時に6000万円を金利0・475%、35年・元利均等返済で借りたとして、5年後のローン残高は5190万円です。夫の年収のみではとても借り換えはできないことになります。

現実ではここまで極端に年収がダウンすることはそうないかもしれませんが、**年収が下がったという方は、いまの年収と残りの返済期間をクロスさせて、借入可能額の目安を参考にしてみてください。**

ただし、表中の数字はあくまでも一例であり、**金融機関によって借入可能額は異なります。**また、担保となる土地建物の評価額によっても借入可能額は左右されるので、表中の数字はあくまでも参考程度にとらえてください。

確かなことは**金融機関の審査を受けてみないと判断がつきません。**借り換えを検討されているのであれば、審査を受けてみるのが一番です。もしもうまくいかなかった場合や特殊な事情でどうすべきか判断できないとお困りの方は、専門家にご相談ください。

一方、これから定年を迎える、これから妻が退職予定など、今後年収がダウンする予測がついている方は、年収が下がる前に借り換えを済ませておくようにしてください。

3章 いま「繰り上げ返済」をするのは正解か？

Q16

繰り上げ返済するより、資産運用するほうが得って本当？

A 半分本当で半分ウソ

ネット上にはいろいろな情報が出回りますが、最近は「住宅ローンを繰り上げ返済するのは損！」という意見もでているようです。「繰り上げ返済するのであれば、そのお金を資産運用に回したほうが得」という主張ですが、「本当にそうなの？」と疑問に思い相談に訪れるお客様もいらっしゃいます。

結論からいうと、繰り上げ返済よりも資産運用したほうがいいというのは、半分本当で半分ウソといえます。なぜなら、資金の適正な配分先は、そのときの年齢や家計・保有資産の状況、投資経験の有無、資産運用のパフォーマンスなどによって異なるからです。

●繰り上げ返済をしたほうがいい人

- 資産運用をしない人
- リスクゼロで１００％確実に運用成果を上げたい人
- 資産運用を20年以上続けられる自身がない人

・住宅ローンの最終返済時の年齢が65歳を過ぎている人
・自宅の売却見込価格よりローン残高のほうが上回っている人

たとえば、いままで資産運用をしてこなかった人が、今後、運用を始めるつもりで、結局しなかった場合は、繰り上げ返済をしたほうがよっぽどいいことになります。あるいは、正しい投資をしていないために運用益がほとんどでなかったり運用損失がでているのであれば、確実に利益をだせる繰り上げ返済をしたほうがいいでしょう。

また、何歳の時点で繰り上げ返済をする話なのかという視点も重要です。40歳で家を買う人が35年ローンを組むのは決して珍しいことではありませんが、繰り上げ返済を一度もしなかったら75歳まで返済を続けることになります。現実問題として、65歳以降、年金暮らしが始まったらローンの返済を公的年金だけでしていくのは無理があります。

事実、私が銀行員だったときには、多くのお客様が定年退職後に住宅ローンを一括返済しにやってきました。定年退職を迎えられたお客様とお話をすると、いくら貯蓄があったとしても、就労収入が途絶えた時点でローンの返済を続けるのは精神的にきついとおっしゃいます。つまり、最初は75歳や80歳まで続くローンを組んだとしても、定年退職時には完済することを目標に、繰り上げ返済や一括返済をすると老後が安心といえるでしょう。

●繰り上げ返済をしなくてもいい人

・資産運用をしている人
・正しい投資で運用成果を上げられている人
・繰り上げ返済しなくても65歳までにローンが終わる人
・相続税対策で負債を残しておきたい人(団体信用生命保険に加入していない場合〈レアケース〉)
・自宅の売却見込価格よりローン残高のほうが下回っている人

一方で、30歳で最長35年のローンを組んで住宅購入した人であれば、繰り上げ返済をしなくても65歳にはローンの返済が終わります。また、60歳の定年退職まで30年もあれば、積立投資で成果を上げるのに十分な期間です。

たとえば、私たちの年金を運用している年金積立金管理運用独立行政法人(GPIF)は、外国債券と国内債券、外国株式、国内株式の4つの資産に4分の1ずつ分散投資をし

【30年という時間と累計金額720万円を投資した場合と同額を繰り上げ返済した場合の成果の比較】

投資手法	投資金額	運用成果	リスク（不確実性）	備考
資産運用	720万円	527万円の運用益	運用手法により軽減はできるがゼロにはできない（損失の可能性もある）	4資産分散に投資
繰り上げ返済	720万円	230万円の利息削減	リスクゼロ	返済期間も6年短縮

ていますが、過去21年の運用実績は年率平均で＋3・38%です（2022年12月末現在）。これにならって、年率3・38%の複利運用で毎月2万円ずつ積立投資を30年間したとすると、受取総額は1247万円になります。

投資元本720万円（2万円×12か月×30年）に対して、30年で＋527万円増える計算です。さらに2024年から始まる新NISAやiDeCo（イデコ）を使えば、節税しながら運用益を丸々受け取ることも可能です。

ただし、投資に絶対はなく、GPIFのような長期分散投資を30年続けた場合でも、世界同時不況などでマイナスをだす可能性があります。年率平均＋3・38%というのはあくまでも21年運用を続けてきた場合の平均利回りであって、年度ごとに成果を見てみると、2022年は▲《マイナス》3・71%、2009年は▲7・91%と、損失を出す年もあります。つまり、運用で成果を上げるためには、不況時にもじっと堪《た》えて、途中でお金がないから積み立てをやめるといったことはせず、20〜30年は継続する必要があるということです。

さて、それでは同じ金額を繰り上げ返済に充当した場合はどうでしょうか？　５０００万円（全期間固定金利１・５％・35年元利均等返済）を借り入れして住宅を購入した後、30年間毎年24万円の繰り上げ返済をおこないます。

この場合、返済に充当した額は累計７２０万円ですが、利息削減効果は２３０万円、返済期間は35年から29年に６年短縮されます。投資効率からすると、資産運用したほうがよいことになります。ただし、これは30年という長期間をかけて資産運用と繰り上げ返済をした場合の比較です。

まとまった資金がある人がローンを借りてすぐに数百万円を返すような繰り上げ返済では、かかった時間やリスクを考えると、繰り上げ返済したほうが得な場合もあります。

いずれにしても、**ひとくくりに「繰り上げ返済をするのは損」と言い切れるものではなく、むしろ繰り上げ返済をしたほうがいいときもある**ということです。「繰り上げ返済か資産運用か」の二択ではなく、**「繰り上げ返済も資産運用のひとつ」**ととらえ、両方をその時々でうまく取り入れるようにしてください。

Q17

「住宅ローン控除を受けているあいだは、繰り上げ返済すると損」って本当？

A まとまった資金で、借りてすぐおこなう繰り上げ返済は、したほうがはるかにお得

ネット上では、「ローン控除適用期間中は繰り上げ返済をしないほうが得」という意見もよく耳にしますが、多くの場合、これは誤解です。実際に相談にいらっしゃるお客様の繰り上げ返済とローン控除還付金《かんぷきん》のシミュレーションして比較してみると、**経済合理性の面では繰り上げ返済をしたほうがはるかに得な結果になることが多くなっています。**

繰り上げ返済は実施時期が早ければ早いほど効果が大きく、借りてすぐにおこなえば瞬間利回り64%もの驚異的な数字をたたき出すことも可能なくらいお得だからです。

もっとも、**繰り上げ返済をする時期や金額、借りている金利などにもよるのでケースバイケースです**が、ここでは借りて半年後のボーナス時に約400万円を繰り上げ返済する事例で比較してみたいと思います。

借りて半年後に約400万円を繰り上げ返済をすることによって、借入金利が0・475%の場合は68万円、借入金利が1・5%の場合は、なんと250万円も支払利息を削減することが可能です。

【半年後に約400万円を繰り上げ返済した場合の利息削減額とローン控除還付金減額分の比較】

借入金利	繰上返済金額（あ）	**利息削減額（い）**	投資効率（い）/（あ）	短縮期間	**繰り上げ返済によって減るローン控除還付金**
0.475%	398万円	**▲68万円**	17%	36か月	**▲36万4,000円（13年間累計額）**
1.5%	393万円	**▲250万円**	64%	42か月	

※当初借入額：5,000万円、返済期間：35年　返済方法：元利均等返済
※新築の長期優良住宅を購入し、2023年に入居。ローン控除の対象となる残高上限：5,000万円
※千円単位四捨五入

繰り上げ返済をした金額は全額元金の返済に充当されますので、もちろん元金も減っています。金利が高いほど繰り上げ返済は効果を発揮しますが、金利1・5％の場合の投資効率は64％という驚異的な数字です。

これを投資信託や株式で運用する場合の資産運用と比べてみてください。デイトレードのような投機ではなく一般的な長期積立投資では、成果を出すのに少なくとも10年以上は必要です。最低でも10年という月日を必要としながら、運用利回りは先ほどのGPIFの例でも年率平均3・38％になっています。

一方、繰り上げ返済にかかる時間はシミュレーションを作成して検証する時間をいれたとしてもわずか1日程度でしょう。また繰り

上げ返済は元本を毀損《きそん》することがなく、100％確実に成果を出すことができます。特別なテクニックも必要としません。そう考えると、繰り上げ返済はどんな投資よりもよほどコスパもタイパもよく、リスクフリーで効率の高い資産運用と考えることができます。

本題であるローン控除の税還付金と比較した場合の話に戻りますが、繰り上げ返済したことによって減ってしまう税還付金は、いずれの金利の場合でも13年分の合計で約36万円となり、繰り上げ返済による利息削減効果のほうがはるかに上回ります。

繰り上げ返済には「期間短縮型」と「返済額見直し型」の2種類がありますが、シミュレーションでは利息削減効果がより大きい「期間短縮型」を選択しました。

また、住宅ローン控除は入居した年度によって適用される制度が異なりますが、現行の制度では税還付が受けられる期間が新築の場合は13年、消費税のかからない中古住宅の場合は10年間です。シミュレーションは還付期間が13年の場合で試算していますので、10年間しか還付されない中古住宅の場合はここまで還付額は減らず、より繰り上げ返済したほうが得ということになります。

購入して半年後に繰り上げ返済することに違和感を覚えた人もいるかもしれません。しかし、これは繰り上げ返済のからくりを知っている人がおこなっている〝知る人ぞ知る裏ワザ〟です。

住宅を購入するときには売買価格の４％～10％以上もの諸費用がかかります。家具や家電を新調する可能性もあるため、余裕を見て多めに借り入れをする人は多いものです。また、入居が近くなったときに両親から資金援助を急遽《きゅうきょ》してもらえることになった人もいます。そうした場合、**当初の予定よりも自己資金を使わずに済むことがありますが、余ったお金で入居後、すぐに繰り上げ返済をするとかなりお得**だと覚えておいてください。

わが家もローン控除の適用期間中ではありましたが、入居してすぐに繰り上げ返済をおこなっています。最初のうちにしたほうが利息削減効果が高いからです。

当時、わが家のローンの金利は０・９７５％ですが、約２００万円を繰り上げ返済したことで、約80万円の利息を減らすことができました。２００万円の投下に対し40％の運用効果があったことになります。しかもローン控除の対象となる上限額よりも多い借り入れをしていたので、繰り上げ返済をしてもローン控除の還付税額は変わりませんでした。

ローン控除適用期間中に繰り上げ返済すると損なのかどうかは、具体的にシミュレーションをすると明らかになりますが、条件があてはまる方はぜひ実践していただきたいと思います。

Q18

いざ、金利が上がったときはどうすればよい？

A 最も即効性のある対処法は繰り上げ返済。2種類の方法を目的に応じてうまく活用

今後、変動金利が上昇した場合、最も即効性がある対処法は「繰り上げ返済」です。どんなに金利が上がろうと、繰り上げ返済した金額は全額元本の返済に充当されるからです。住宅ローンの繰り上げ返済には「期間短縮型」と「返済額見直し型」の2種類があります。このうち、支払う利息や返済総額を減らしたいのであれば、効果がより大きいのは「期間短縮型」です。

5000万円を金利0・475％・35年返済で借り入れし、住宅購入してから3年後に100万円を繰り上げ返済した場合の効果の違いを比較してみましょう（次ページの表参照）。約100万円を繰り上げ返済することにより削減される利息の額は、期間短縮型が▲《マイナス》16万円、返済額見直し型が▲8万円となります。当然、元金も100万円減っていきます。期間短縮型は返済期間が9か月短縮される効果もあり、同じ100万円を投下するのであれば、期間短縮型を選択したほうが経済合理性の面ではお得です。

一方、金利が上昇し、月々の返済額が増えてきたときには、「返済額見直し型」の繰り上

【期間短縮型vs返済額見直し型
3年後に約100万円を繰り上げ返済した場合の比較】

繰り上げ返済方法	繰上返済額（あ）	利息削減額（い）	投資効率（い）/（あ）	期間短縮効果	月々返済額
期間短縮型	約100万円	▲16万円	16.2%	▲9ヵ月	（繰り上げ返済前）12万9,241円→（繰り上げ返済後）12万9,241円 ※前と後で変わらない
返済額見直し型	100万円	▲8万円	8%	—	（繰り上げ返済前）12万9,241円→（繰り上げ返済後）12万6,440円 ※月々▲2,801円の減額

※当初借入額：5,000万円、返済期間：35年、返済方法：元利均等返済、金利：0.475%

げ返済をすることで、月々の返済負担をおさえることができます。実際に金利が上昇し返済額が増えたときには、繰り上げ返済をいくらぐらいすると月々返済額の増額をおさえることができるのか、シミュレーションで確認してみましょう。

５年・１２５％ルールが適用される一般的な変動金利型住宅ローンの場合で、10年後に金利が上がると仮定します。金利の上昇幅については４つのパターンを設定しました。

パターン①の10年後に金利が＋０・25％上昇した場合、月々返済額は12万９２４１円から13万３２５１円に上がります。

そこで金利が上がるタイミングで１００万円の繰り上げ返済を返済額見直し方法でおこ

【10年後に金利が上昇したときに、繰り上げ返済で対処した場合の返済額の変化】

※当初借入額:5000万円、返済期間:35年、返済方法:元利均等返済、
金利:変動金利0.475%

金利上昇想定パターン		適用金利	金利上昇後、繰り上げ返済をしなかった場合の月々返済額	繰上返済額(返済額見直し型)	繰り上げ返済後の月々返済額
借り入れ当初		0.475%	12万9,241円	—	—
①	10年後に+0.25%上昇	10年後0.725%	13万3,251円(+4,010円の増額)	100万円	12万9,617円
②	10年後に+0.5%上昇	10年後0.975%	13万7,340円(+8,099円の増額)	200万円	12万9,849円
③	10年後に+1.0%上昇	10年後1.475%	14万5,755円(+1万6,514円の増額)	400万円	12万9,854円
④	10年後に+2.0%上昇	10年後2.475%	16万3,517円(+3万4,276円の増額)	800万円	12万7,841円

なうと、新たな月々返済額は12万９６１７円となり、金利上昇前の返済額とほぼ同じです。

同様に、パターン④の10年後に金利が＋２・０％上昇した場合では、繰り上げ返済をしないと月々返済額は16万３５１７円に上がります。そこで、８００万円の繰り上げ返済を返済額見直し型でおこなうと月々返済額は12万７８４１円となり、それまでの返済額と変わらない12万円台におさえることが可能です。

さすがに、パターン④の８００万円の繰り上げ返済となると、台所事情としては簡単にできないかもしれません。一方で、10年後に金利が＋０・25％～＋１・０％程度の上昇であれば、１００万円～４００万円の繰り上げ返済を返済額見直し型でおこなうと、月々の増額を回避することができます。

このように、将来金利が上昇したときに月々の返済額をおさえる対処法のひとつとして、返済額見直し型の繰り上げ返済をおこなうのも有効です。変動金利で借りる場合は、万一に備えていつでもおろせる流動性・換金性の高い資金で繰り上げ返済資金の貯蓄をしておくと、安心して返済が続けられます。

Q19

夫婦でペアローンを組んでいます。

夫＝全期間固定金利1・2％

妻＝変動金利0・575％

金利上昇を考えると、
変動金利のほうから
繰り上げ返済すべきでしょうか？

A 繰り上げ返済は金利が高いローンからするのが鉄則

夫婦で金利を変えてローンを組んでいる人は少なくありません。とくに借入額が5000万円を超えて多くなると、「全額を変動金利で借りるのはリスクが高いので、半分を固定金利にしてリスクヘッジしたい」と考える人がでてきます。

このように夫婦で金利を変えてローンを組むお客様からよくある質問が「繰り上げ返済するときは変動金利のほうからしたほうがいいでしょうか?」という質問です。確かに金利が上がるリスクを少しでも減らしたいと考えるのならば、変動金利から繰り上げ返済するというのは理にかなっているでしょう。

しかし、実際に繰り上げ返済にやってくるお客様の行動パターンは違います。返済が始まると、金利の高いローンのほうから繰り上げ返済をする人がほとんどです。なぜなら、繰り上げ返済によって得られる効果は、金利が高いほうが圧倒的に大きいためです。

繰り上げ返済の効果は3つあります。1つ目は**「支払う利息を減らし返済総額を減らす効果(利息削減)」**、2つ目は**「返済期間を短縮する効果(期間短縮)」**、3つ目は**「月々の返**

済額を減らす効果（月々返済額の減額）です。

このうち、2つ目の「期間短縮」と3つ目の「月々返済額の減額」の両立はできず、どちらか一方を選択することになります。

月々の返済額は変えずに返済期間を短縮することを優先するならば「期間短縮型」の繰り上げ返済を選び、返済期間は変えずに月々返済額を減らすことを優先するならば「返済額見直し型」の繰り上げ返済を選ぶということです。

繰り上げ返済をする目的によってどちらを選択するか決まりますが、いずれにしても**金利が高いローンのほうが3つの効果はより大きくなります。**それでは、変動金利0・575％と固定金利1・2％の2つのローンを同じタイミングで100万円繰り上げ返済した場合の効果の違いをシミュレーションで確認してみましょう。

次ページ表中の期間短縮型の箇所を見てください。金利1・2％のローンは約100万円（94万8664円）を繰り上げ返済することにより、利息は▲《マイナス》45万1506円削減、期間は16か月短縮される結果となりました。

一方、金利0・575％のローンを同じタイミングで約100万円（98万1492円）繰り上げ返済したとすると、利息削減額は▲20万1618円、短縮される期間は15か月と、

【変動金利と固定金利、2本のローンの繰り上げ返済効果の比較】

〈前提条件〉当初借入額3,000万円、
当初返済期間：35年、
返済方法：元利均等返済、購入してから2年後に100万円の繰り上げ返済を検討

方法	適用金利	繰上返済額(あ)	利息削減額(い)	投資効率(い)/(あ)	期間短縮効果	月々返済額
期間短縮型	1.2%	94万8,664円	▲45万1,506円	47.59%	▲16か月	(繰り上げ返済前)8万7510円 (繰り上げ返済後)8万7510円
期間短縮型	0.575%	98万1,492円	▲20万1,618円	20.54%	▲15か月	(繰り上げ返済前)7万8,874円 (繰り上げ返済後)7万8,874円
返済額見直し型	1.2%	100万円	▲21万2,093円	21.20%	—	(繰り上げ返済前)8万7,510円 (繰り上げ返済後)8万4,457円 ※月々▲3,053円の減額
返済額見直し型	0.575%	100万円	▲9万8,367円	9.3%	—	(繰り上げ返済前)7万8,874円 (繰り上げ返済後)7万6,101円 ※月々▲2,773円の減額

効果は金利1・2％のローンよりも薄れます。

返済額見直し型の繰り上げ返済についても確認してみましょう。金利1・2％では利息削減効果が▲21万2093円、月々の返済額は▲3053円減らすことが可能です。一方、金利0・575％では利息削減効果が▲9万8367円、月々の返済額は▲2773円の減額となり、やはり効果は金利1・2％の場合よりも薄れます。

将来、変動金利が確実に上がるかどうかわからないなかで、繰り上げ返済によってただちに得られる経済メリットを優先するならば、金利が高いローンから繰り上げ返済をするのが賢明ということがおわかりいただけたかと思います。

ただし、ご家庭によっては夫婦で財布が別々となっており、ローンをそれぞれ管理しているケースもあるでしょう。それはそれでOKです。その場合は夫婦それぞれが繰り上げ返済をして、どちらが先に完済できるか競い合うのもいいかもしれません。

一番大事なことは、お互いが最後まで無理なく返済を続けられ、無事にゴールを迎えることです。

Q20

退職金を受け取りました。住宅ローンを一括返済すべきでしょうか？

A 老後資金を確保できていれば一括返済を。でなければ一括返済は避けたほうがいい

退職金で一括返済をするべきかどうかは、定年を迎えた時点でのローンと貯蓄の残高、今後の収入と支出の状況などによって判断が分かれるところです。

最も重要なことは、老後資金を確保できているかという点です。老後資金としていくら必要かがポイントになりますが、ファイナンシャルプランナーがおこなっている老後必要資金の算出法をお伝えします。

まず、老後、年金暮らしが始まった後の生活費を想定します。生活費は家庭によってまちまちですが、現役中の生活費の7割相当になるといわれています。たとえば現役時代の生活費が40万円であれば老後は28万円ということです。この生活費には住宅ローンの返済額や65歳までに支払いが終わる教育費などは含めません。また月によってバラツキがあるので年間で使った生活費を12で割って求めるようにしてください。

老後の生活費の想定ができたら、今度はそこから年金収入の見込額を引きます。年金収入の見込額はねんきんネットやマイナポータルで調べることが可能です。生活費から年金

一括返済したほうがいい人	一括返済しなくてもいい人
・一括返済後も老後資金が手元に残る人 ・今後働く予定がない人 ・健康に不安がない人	・一括返済してしまうと老後資金が不足する人 ・健康に不安がある人 ・相続対策で団体信用生命保険に加入せずに住宅ローンを借りている人(レアケース)

収入を引いた差額が1か月に貯蓄の切り崩しが必要な金額になります。

具体例として、年金暮らしをしている老後世帯の平均データをご紹介します。政府の調査(※1)によると、年金暮らしをしている老後夫婦の1か月の平均支出は27万円、対して標準的な年金収入は夫婦合わせて22万円(※2)です。つまり、支出27万円から年金収入22万円を引いた5万円を毎月貯蓄から取り崩しているとされています。

仮に95歳まで生きるとすると65歳からの30年間で1800万円が必要となる計算です(5万円×12か月×30年=1800万円)。

このほか、自宅の修繕費や介護費用なども見ておく必要がありますが、老後夫婦に必要な貯金といわれている2000万円はこのように求められているわけです。

実際には、ご家庭によって年金収入も生活費もかなりの差があるので、平均データは参考に過ぎません。例えば、夫婦ともに厚生年金に加入して定年まで働き続ければ年金収入が夫婦合算で月に30万円を超えることもありますし、国民年金に加入する自営業の夫婦であれば月にもらえる年金収入は夫婦合算で13万円程度です。

生活費も平均の27万円では足りないというご家庭もあれば、そんなに必要ないというご家庭もあります。ここはご自身のケースで計算してください。そのうえで退職金で一括返済したあとでも、預貯金や貯蓄性の保険、相続財産などで老後資金が確保できるようであれば一括返済してもよいと判断できます。むしろ一括返済したほうがその後の利息を払わずに済むのでお得です。

一方、退職金で一括返済をしてしまうと老後資金が不足する場合は、一括返済はひとまず避けたほうがいいでしょう。住宅ローンの返済を続けながら収入を増やしていく対策が必要になります。

方法はいくつかありますが、まずは健康に気をつけながら就労期間をできる限り延ばすことです。専業主婦であった奥様も働きにでる、就職したお子様に生活費を入れてもらうなど、できれば家族みんなで協力し合うと完済までのゴールが近くなります。そのほかにも、別居の親や子と同居して世帯収入を増やしつつ、2世帯分かかっていた住居費を1世帯にまとめることで支出を減らす対策も考えられます。その場合、状況によっては親子で協力してより条件のよい住宅ローンに借り換える選択肢もでてくるかもしれません。

こうした対策により毎月入ってくる収入で住宅ローンを返せるようになれば、退職金はなるべく元本を減らさない方法で運用し、増やすことも考えられます。

最後にレアケースですが、定年後も住宅ローンをあえて残しておいたほうがいい事例をご紹介しましょう。住宅ローンには最長80歳まで団体信用生命保険が付保されているので、万一の際には保険でローンが一括弁済される仕組みです。ところが、なかには相続対策であえて団体信用生命保険に加入せずに住宅ローンを組む人がいます。アパート経営をしている地主さんがアパートローンを組むときによくとる手法ですが、相続が発生したときには相続財産から負債が差し引かれるため、相続税を減らすことができるのです。

家を引き継ぐ子供にローンも引き継げば、家を引き継がない別の子供に現金を残すことも可能になります。住宅ローンは奥が深く、うまくつき合えば資産を効率よく形成し残すことができるので有効活用しない手はありません。このあたりは長期的かつ包括的な視点で幅広い知識が求められますので、住宅ローンや相続・税金に詳しい専門家に相談して慎重に進めるようにしてください。

※1：総務省「2022年家計調査」家計収支編　2人以上世帯　無職世帯
※2：厚生労働省「令和5年度の年金額改定についてお知らせします」

Q21

退職金で一括返済するより、資産運用したほうがいいって本当？

A リスクの高い一括投資よりも、確実に成果を出せる一括返済を

定年退職後も、再就職先の収入や家族の収入などで住宅ローンを返済できるうちは、退職金を資産運用に回す手もあります。ただし、それまで投資をしていなかった方が退職金で一括投資する場合はよくよく注意が必要です。

世界中の投資家は、運用資産のほとんどを伝統的な投資対象である株式と債券で運用しています。このうち、値動きが激しくリターンを大きく狙うのが株式です。一方、債券は株式よりも値動きは少なく、売却益よりも保有期間中の利息収入を狙っていくイメージに近くなっています。

ただ、いずれにしてもいつかは売却して現金化するので、できる限り「安く買って高く売る」、これが投資の基本原則です。とはいえ、タイミングを見計らって安値で買うことはなかなかできませんから、長期積立投資をして平均取得単価をならしていく手法がよいとされています。

退職金で一括投資するというのは、この長期積立投資と真逆の手法です。そのため、一括

投資は初心者よりも投資に慣れている人に向いている手法ですが、失敗しないためには、とにかく高値つかみをしないこと、今後も値上がりが期待されるか、せめて値下がりはしない資産に投資することが重要になります。

ところで、景気や株価の波は上がり下がりのサイクルを繰り返すものですが、いまはどの地点にいるでしょうか?

この10年のあいだ、世界中で金融緩和がおこなわれたため、日本を含む世界の株価はだいぶ上昇しました。

アメリカの代表的な企業500社の株価を表す指数であるS&P500や日経平均株価は、2021年1月をピークに下落相場に転じていますが、この先もっと下がるのか、それとも反転して再び高い山を築いていくのか、誰にもわかりません。

過去には、2000年初頭にITバブルの崩壊、2008年にリーマンショックが起こり、S&P500はおよそ半値に暴落をしました。いずれも暴落前はかなりの上昇を続けていましたが、突如起こった暴落を事前に予測できた人はほとんどいませんでした。

今後の値動きがわからないなかで、現金化するまで20年かかっても大丈夫ならば、リスクをコントロールしながら資産を増やせる可能性は高いですが、10年で現金化する必要が

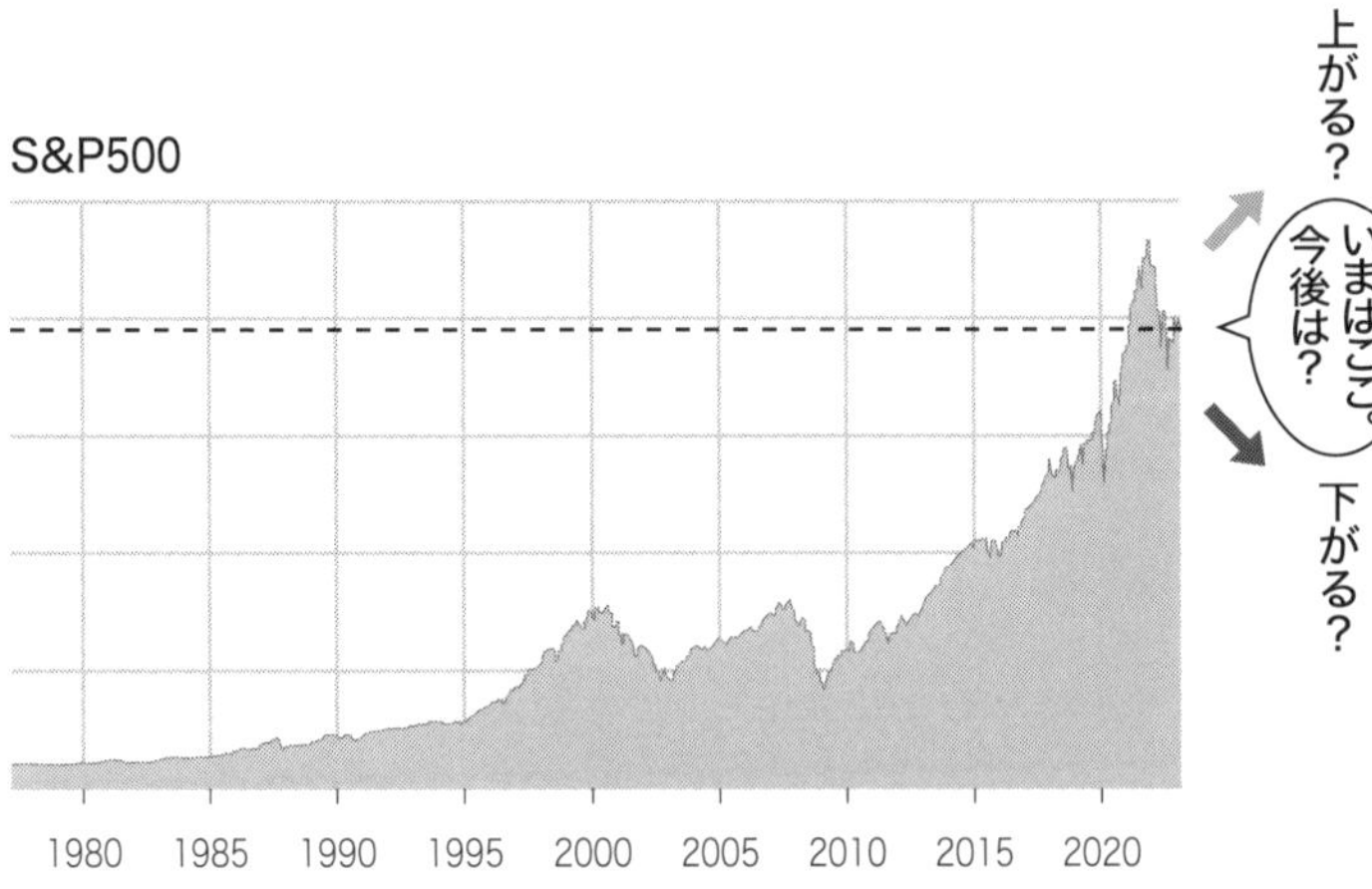
S&P500
1980
1985
1990
1995
2000
2005
2010
2015
2020
上がる？
いまはここ。
今後は？
下がる？

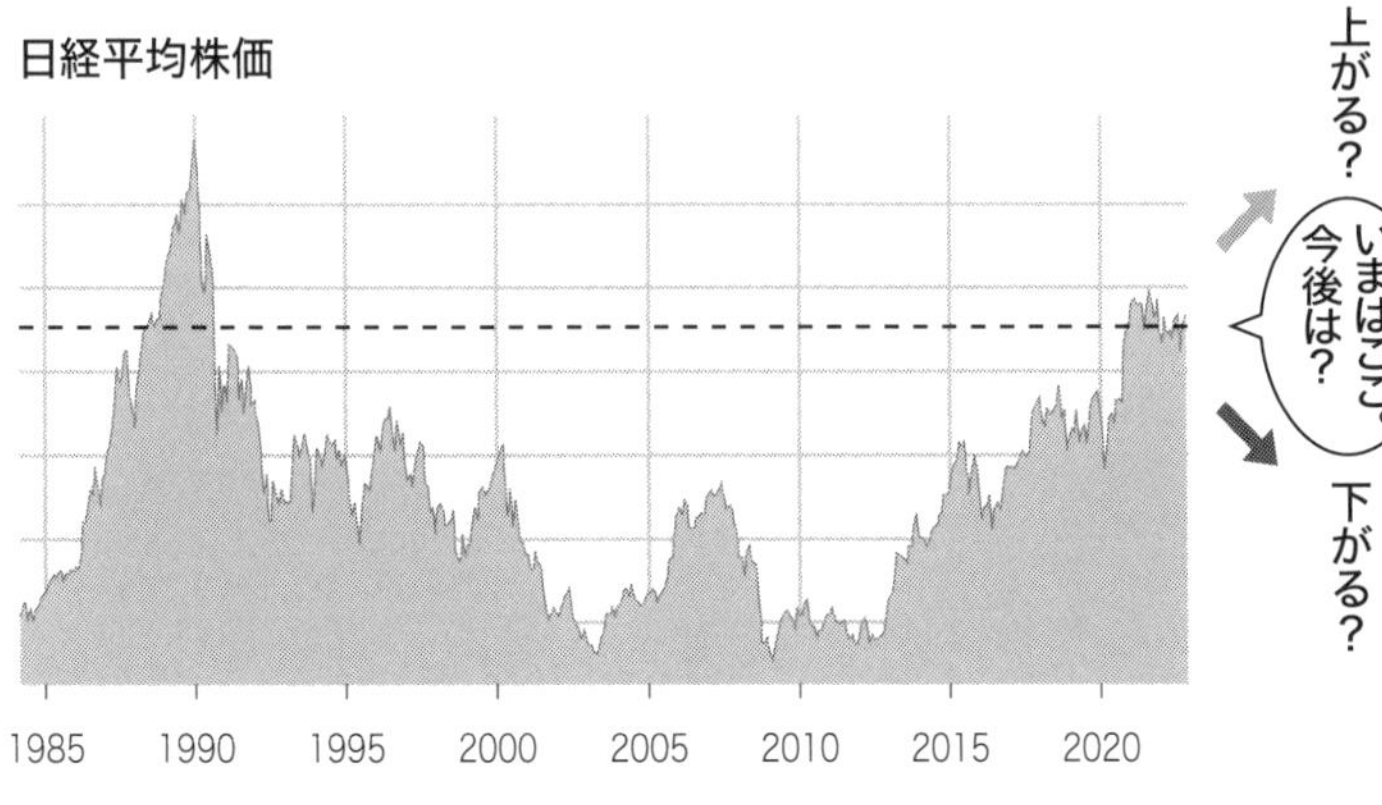
日経平均株価
1985
1990
1995
2000
2005
2010
2015
2020
上がる？
いまはここ。
今後は？
下がる？

あるとなると損失を出す可能性もあります。

そうなると退職金での運用先は株式ではなく、値動きが少なく利息収入が期待できる債券での運用が適しているのかもしれません。ただし外国債券の場合は、為替の影響にも注意をする必要があります。

このように、一括投資は長期積立投資とは異なり、投資すべき商品や出口戦略をしっかりと練ったうえで投資しなくてはならないので、それなりの勉強が必要です。

また、投資をする前に、そもそも投資にいくら回せるか、いつごろから取り崩す必要があるのか、まずは現在の家計と保有資産の状況、今後のマネープランを長期的な目線で把握しておくことが必要不可欠になります。

こうした**リスクや手間を考えると、よほどのベテランでない限りは、定年を迎えた後の余裕資金の使い道は運用するよりもローンの返済を優先すべきでしょう。**

ところで住宅ローンを返済中のみなさんは、給与振込口座が住宅ローンの返済口座と一緒になっている方が多いかと思います。その場合、退職金が振り込まれる口座もおそらく同じ口座です。みなさんは銀行が毎営業日、大口入金があったお客様に電話営業をしていることをご存じでしょうか？

退職金の入金があった場合は、十中八九、銀行から電話がかかってきます。電話先の銀行員はこういいます。

「この度は大口のご入金をいただきありがとうございます。使わない予定のご資金であれば、資産運用をされてみませんか？　まずはお話だけでも……」

定年退職後、時間にゆとりができるからでしょうか、銀行に話を聞きにいく方は少なくありません。

もちろん話を聞きにいくだけならいいのですが、事前準備を何もしていない状態で、その日に即決で投資信託を1000万円購入するようなことだけは避けてください。

もしも、その後リーマンショックのような出来事が再びおこった場合は、投資した1000万円が一瞬で半分になってしまうこともあるからです。じつはそういう私自身も、リーマンショックの前に外国の株式やリート（REIT・不動産投資信託）に一括投資をした苦い経験があるのですが、3分の1になってしまった資産を元に戻すのに10年以上かかりました。

使わない資金で投資をしていたので、じっくり待つことができましたが、経験を積んだいまであれば、あんな投資の仕方はしないと思います。

退職金を受け取ったお客様のなかには、その時点ではまだ再就職先からの就労収入があり、年金暮らしが始まっていないため、貯蓄の取り崩し期に移行していない方も少なくありません。そのため**退職金を使う予定のない余裕資金と思って一括投資をする方もいらっしゃいますが、5年も経つと状況が一変することはよくあります。**

働く気力がなくなった、予想外に医療費や介護費、家の修繕費がかかるようになったなどの理由で、当初の予定よりも早めに退職金を使う可能性もあるということです。

誤解のないようお伝えすると、退職金での投資はやめたほうがいいといいたいわけではありません。そうではなく、ローンの返済の目途が立ち、一生涯のお金の計画をしっかりと立てたうえで、**少なくとも10年以上は使わない余裕資金で、正しい投資先に正しい方法で投資をするならば、投資はしたほうがいいと思います。**

最近はネット上で「住宅ローンの返済よりも資産運用を」というアドバイスが多く発信されているので心配です。銀行員も「退職金でローンを一括返済しませんか？」とは電話をかけてきません。

できれば、保険や投資信託を販売することが目的ではなく、家計全般をみてくれる投資に強い第三者のファイナンシャルプランナーに相談することも一考してみてください。

Q22

定年を迎え、住宅ローンの返済がきついです。何か方法はないでしょうか？

A 親子リレー返済、もしくはリバースモーゲージの活用を考える

定年退職後に残ってしまった住宅ローンの返済についての相談は、これまで数多く寄せられてきました。おかれている状況はさまざまなので、そのお客様とご家族様にとって最善の策を導き出します。これまで多くのお客様が選んだ対処法のひとつとして挙げられるのは、子供に家とローンを引き継ぐ方法です。

たとえば、同居する子供がすでに就職しており、今後も同居の予定であれば、自宅と併せてローンの返済も引き継ぐというものです。この場合、**住宅ローンを親の単独債務から親子の連帯債務にするかたちにして借り換えをおこないます。**名義については、実際に誰が返済をおこなうかにもよりますが、親子で協力して返済をするのであれば、返済負担割合に応じて親の単独名義から共有名義に変更する方法もあります。

このとき、ローンを引き継ぐ子供に兄弟がいる場合は注意が必要です。なぜなら、いずれ相続が発生したときに、親の資産であった自宅はローンを引き継いだ子供のものとなり、ほかに財産がなければ兄弟は相続財産を受け取れずトラブルになる可能性があるからです。

相続の場面では仲のよかった兄弟がもめることはよくあります。事前によく話し合っておく必要があります。

また、親子リレー返済にすると、後継人である子供は新たな住宅ローンを組めなくなる可能性がある点にも注意してください。住宅ローンを子供に引き継ぐ際には、事前に親と子の双方の一生涯のライフプランとマネープランを確認しておくこと、税金や相続のことも考え、家族全員で納得しておく必要があります。

このほか、老後に残ってしまった住宅ローンの対処法として、リバースモーゲージへの借り換えがあります。**リバースモーゲージとは、自宅を担保に生活資金などを借りることができる高齢者向けのローンです。**自宅の担保評価額の5～6割程度まで融資を受けることができ、住み続けながら利息の支払いだけをしていきます。

最終的には死亡した際に、自宅の売却資金で元金を一括返済する仕組みです。金融機関によっては住宅ローンの完済資金に充当することも可能ですが、住宅ローンと違って、生存中は元金の返済はしなくていいため、返済額を大幅に減らすことができます。

ただし、**リバースモーゲージの注意点として、長生きした場合に利息の支払いがかさむ点が挙げられます。**生存中は利息の支払いしかしないため、いつまでたっても元金が減りません。さらに、金利は住宅ローンの金利よりも高く、変動金利で借りるケースが多いので金利上昇時には利息の負担がもっと増えます。

60代の早い時期に借りてしまうと、およそ30年間も利息を払い続けることになり、途中で利息を払う資金も尽きてしまうかもしれません。そうなると、生存中でも自宅を売却しなくてはならず、借りたお金を返した後は何も残らないという事態もありえます。

こうしたリスクも考慮にいれ、安易にリバースモーゲージに借り換えるのではなく、慎重に判断してください。熟考した結果、リバースモーゲージを選ぶ場合は、やはり長期的な目線で家計の推移をキャッシュフロー表で確認し、途中でお金が尽きることのないよう戦略を練っておくことが重要です。

とはいえ、本来不動産は資産であり、自身が築いた資産は自身の代で有効に使い切る、という考えでうまく活用できれば、リバースモーゲージもアリだと思います。

最後に、もしまだ現役中の方で最終返済時の年齢が65歳を超えるローンを組んでいる方は、いまのうちにできることをしてください。ローンを子供に引き継ぐぐらいなら、教育費は奨学金を利用し、ローンの返済を優先させる手もあります。また、新NISAやiDeCo（イデコ）を使って投資をし、節税しながら効率よく完済資金を貯めることも可能です。

4章 住宅を購入する人のローンの組み方・選び方

Q23

インフレ・金利上昇時の住宅ローン。無理のない借入額の目安は？

A 生活費や教育費など年々増える支出を考えると、返済負担率20％までにおさえたい

物価が上昇し、電気・ガス、食料品、交通費などありとあらゆるモノの値上げが続いています。もっとも不動産価格に関しては、物価上昇よりもかなり前から高騰《こうとう》してきました。とくにマンションの値上がりが著《いちじる》しく、東京・神奈川・埼玉・千葉の一都三県ではこの10年で1・8倍になっています。

ちなみに、東京23区の新築マンションの平均価格は2010年に5497万円でしたが、2022年には8236万円まで上がりました（不動産経済研究所調べ）。異常な高さですが、それでも都心の駅近マンションは人気が高く、予算をオーバーしてもなんとかして買いたいという人が少なくありません。

なかには一度見ただけで即決する人もいます。しかし、購入を決断するときには少し冷静になって考えてみてください。いまは目の前にある不動産が欲しくて夢中になっていたとしても、マイホームに住んだ後はどのような暮らしをしたいでしょうか？　休みの日には外食をしたり、車であちこち出かけたい。年に1回は海外旅行にいきたい、あるいは趣

【一都三県　住宅価格指数推移】

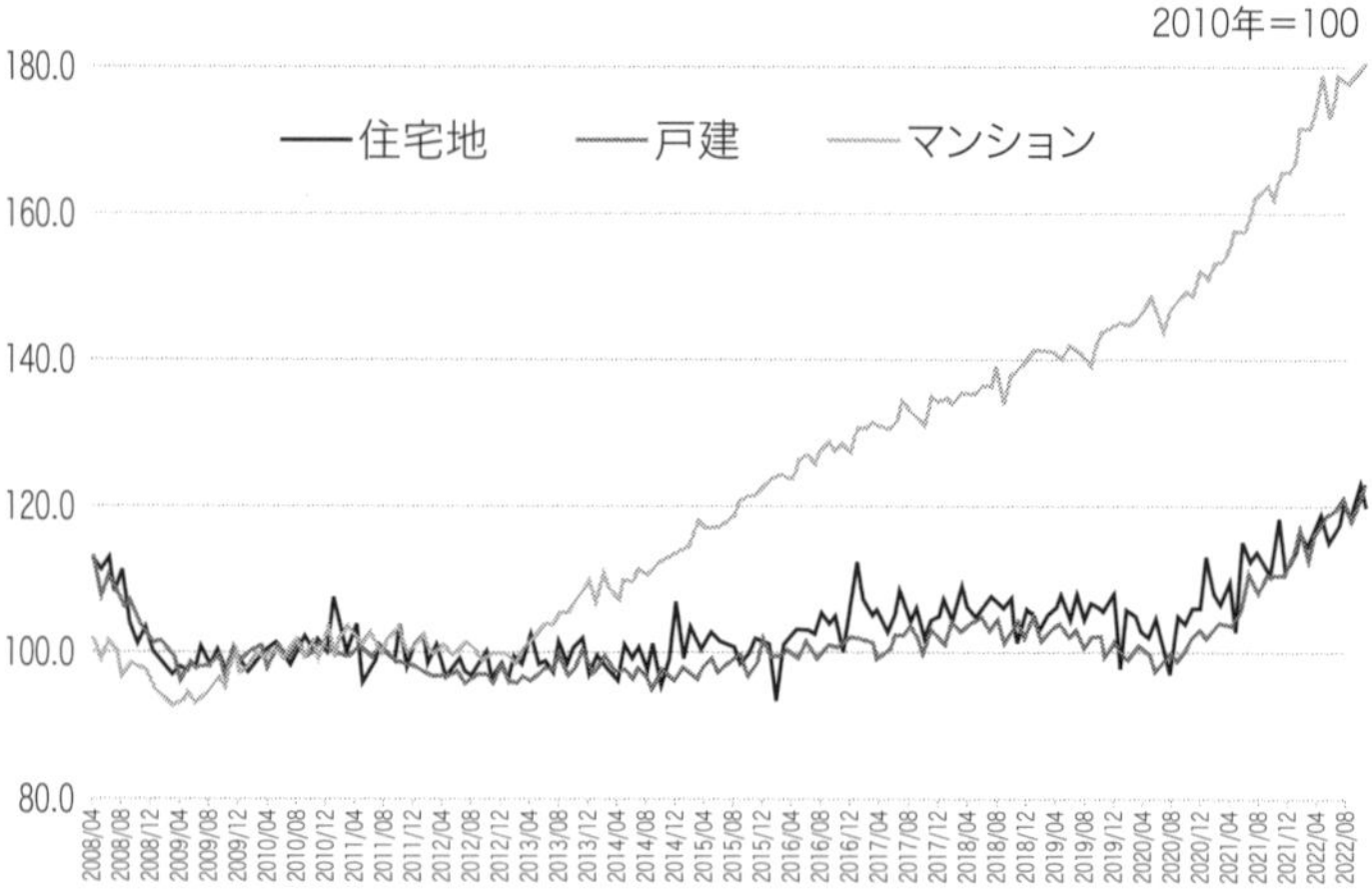

※国土交通省『不動産価格指数（住宅）』より平井FP事務所が作成

味にお金をかけたい人もいるでしょう。子供が生まれたらどうでしょうか？　習いごとをいろいろとさせてあげたい、私立に進学させたい、大学は海外留学へなど、思い描くプランがあると思います。理想のライフプランを考えたときに、かかる支出は住居費だけでなく、生活費や教育費も今後は増えるということを気にかけてみてください。

ここで、住宅購入者の家計の中身について平均データをご紹介します。

表Ⓐは総務省が調査した、全国で住宅ローンを返済しているファミリー世帯の家計収支です。額面収入は平均で月額66万６４８７円、年収換算でおよそ８００万円になります。ここから税金・社会保険料13万７５４３円を

【表Ⓐ 住宅ローン返済中のファミリー世帯 1か月の収入と支出】

項目			平均値
収入	就労収入（世帯合計）（額面）		666,487円
支出	税金・社会保険料		137,543円
支出	生活費		304,439円
支出	住居費	**住宅ローン返済**	**91,874円**
支出	住居費	住居（ローン返済以外の維持費等）	7,404円
支出	教育費		24,559円
支出	保険料		27,887円
支出	その他ローン返済		3,281円
貯蓄	有価証券（株や投資信託等）購入		5,514円
貯蓄	預金		63,986円

生活費の内訳

食料	84,533円
光熱・水道	26,162円
家具・家事用品	13,812円
被服及び履物	12,774円
保健医療	14,062円
交通・通信	58,238円
教養娯楽	34,392円
その他（美容院・こづかい・交際費等）	60,466円

※総務省家計調査2022年を元に平井FP事務所が作成
※家族人数：3.58人、妻の就業率：67.2%、世帯主年齢：46.9歳

【図Ⓑ 住宅ローン返済世帯の家計支出】

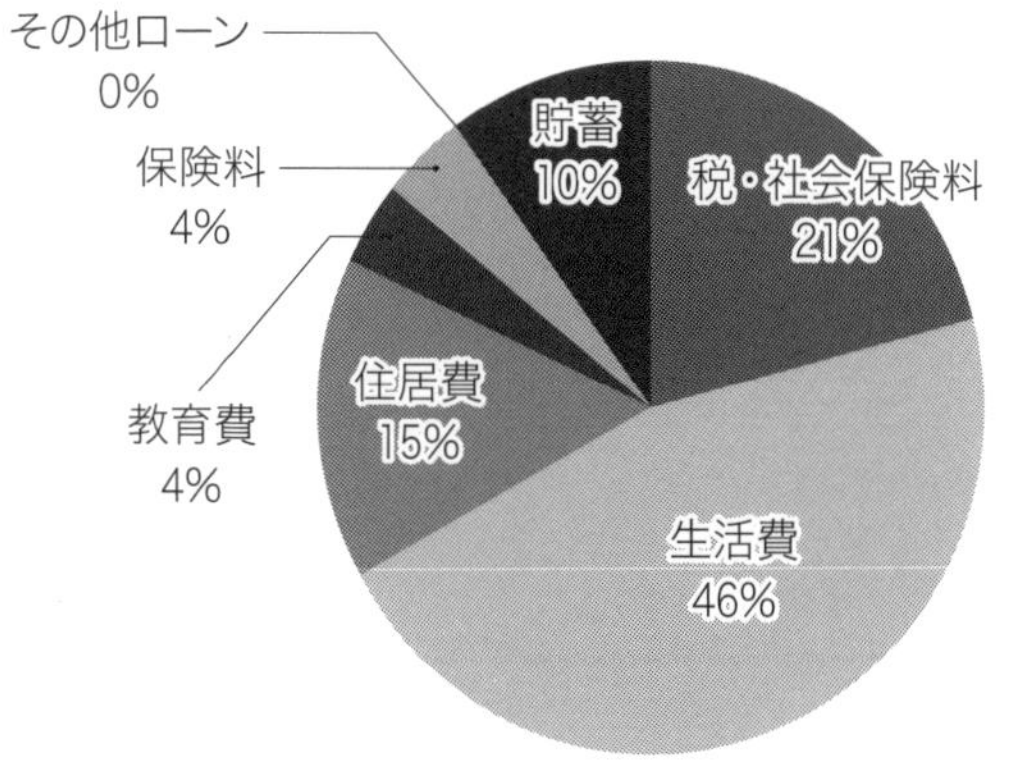

引いた金額がいわゆる可処分所得《かしょぶんしょとく》といって使えるお金です。

支出は主に「生活費」「住居費」「教育費」「保険料」の4つに分けられますが、それ以外に奨学金や車のローンなど「その他ローンの返済」もあります。

とくに多いのが「生活費」で、額面収入のおよそ半分は生活費で消えます。また「教育費」の全国平均は月額2万4559円となっていますが、仮に私立に進学するとなると、子ども1人当たり月に10万円程度かかるのは一般的です。

むろん、家庭によってどこにお金をかけたいかは異なるので、1つひとつの費用は平均以下にならなくてもかまいません。しかし、すべての支出が収入の範囲におさまる必要があります。さらに、いざというときのための貯蓄もしたいところです。

平均データの「住宅ローン返済額」を見てみると、月額9万1874円となっています。これは3600万円を金利0・475％、35年元利均等返済で借りた場合の返済額に近い数字です。3600万円というと、世帯年収800万円に対して4・5倍の借入額になります。

図Ⓑは、表Ⓐを円グラフにしたものです。年収の額は家庭によって異なるので、額面年収に対する支出の割合を費目ごとに示した円グラフのほうが参考になるかもしれません。

住居費の額面年収に対する割合は15％となっています。もっとも、このデータはローン返済中の全年代の人が対象なので、住宅を購入して10年、20年経っている人も含まれます。

では、いま購入している人の住居費割合はどれくらいでしょうか？　住宅金融支援機構の調査では、**いま住宅を購入している人たちの購入時点の返済負担率（住宅ローン年間返済額÷額面年収）は15％〜20％の人が一番多くなっています**が、一方で**およそ4人に1人は返済負担率が25％を超えています**。管理費・修繕積立金・固定資産税などの維持費を加えると住居費負担が30％近い人が全体の4分の1はいる見込みです。

となると、円グラフのうち、生活費か教育費を削る必要が出てきます。もちろん、住居費が30％を超えていたとしても、人よりも生活費が少ない、教育費がかからないという場合は心配ありません。

これまで家計をみてきたお客様のなかには、年収が1000万円超えであるにもかかわらず、食費が外食も含め月に4万円という夫婦もいました。そのご夫婦は「ふだんお金を使わないので、家にお金をかけたい」とおっしゃっていました。一方で、レジャー費・外食費が生活費の大部分を占めているご夫婦もいます。「自分たちはアウトドアが好きで、余暇を楽しみたいので、住居費にお金をかけるつもりはない」と、郊外に移住し、戸建を建てたご夫婦もいらっしゃいました。

大切なことは、**住宅予算を決めるときには住居費だけではなく、今後増える生活費や教育費、老後のための貯蓄なども考慮にいれ、無理のない借入額になっているか、住んだ後の暮らしをイメージしながら確認していただきたい**ということです。

あんなに欲しがっていたタワーマンションを、5年後には「イメージと違った」と手放すお客様もいます。たまたまこの10年は不動産価格が上昇していたので売れましたが、一般的には新築で買った不動産を、買った値段以上で売るのはそう簡単ではありません。

いずれにしても、欲しいものがあると、それればかりに目がいきがちですが、いざ手に入ると別のものが見えてくることはよくあります。自分たちだけでは客観的な判断ができないと思ったら、家計管理やライフプラン提案を得意とする第三者のファイナンシャルプランナーに相談してみてください。

最後に、返済負担率15%と20%の範囲で借りられる金額を一覧表にしておきます。金利先高観がでてきたいまであれば、借入額の目安を判断するときには固定金利で見ておいたほうがいいかもしれませんが、変動金利と固定金利、両方の場合で算出しておきますので参考にしてみてください。

【返済負担率15%以下にした場合の借入上限額】

（35年・元利均等返済）

世帯年収 a	借入金利	借入額	月々返済額	年間返済額 b	返済負担率 b/a
400万円	変動0.475%	1,930万円	49,887	598,644	15%
	固定1.500%	1,630万円	49,908	598,896	15%
500万円	変動0.475%	2,410万円	62,294	747,528	15%
	固定1.500%	2,040万円	62,461	749,532	15%
600万円	変動0.475%	2,900万円	74,959	899,508	15%
	固定1.500%	2,450万円	75,015	900,180	15%
700万円	変動0.475%	3,380万円	87,366	1,048,392	15%
	固定1.500%	2,850万円	87,262	1,047,144	15%
800万円	変動0.475%	3,860万円	99,774	1,197,288	15%
	固定1.500%	3,260万円	99,816	1,197,792	15%
900万円	変動0.475%	4,350万円	112,439	1,349,268	15%
	固定1.500%	3,670万円	112,369	1,348,428	15%
1,000万円	変動0.475%	4,830万円	124,846	1,498,152	15%
	固定1.500%	4,080万円	124,923	1,499,076	15%
1,200万円	変動0.475%	5,800万円	149,919	1,799,028	15%
	固定1.500%	4,900万円	150,030	1,800,360	15%
1,500万円	変動0.475%	7,200万円	186,107	2,233,284	15%
	固定1.500%	6,100万円	186,772	2,241,264	15%

ここがポイント☞返済負担率15%に収まる借入額はおおむね世帯年収の4倍〜5倍程度まで

【返済負担率20%以下にした場合の借入上限額】

（35年・元利均等返済）

世帯年収 a	借入金利	借入額	月々返済額	年間返済額 b	返済負担率 b/a
400万円	変動0.475%	2,570万円	66,429	797,148	20%
	固定1.500%	2,170万円	66,442	797,304	20%
500万円	変動0.475%	3,220万円	83,231	998,772	20%
	固定1.500%	2,720万円	83,282	999,384	20%
600万円	変動0.475%	3,860万円	99,774	1,197,288	20%
	固定1.500%	3,260万円	99,816	1,197,792	20%
700万円	変動0.475%	4,510万円	116,575	1,398,900	20%
	固定1.500%	3,810万円	116,656	1,399,872	20%
800万円	変動0.475%	5,150万円	133,118	1,597,416	20%
	固定1.500%	4,350万円	133,190	1,598,280	20%
900万円	変動0.475%	5,800万円	149,919	1,799,028	20%
	固定1.500%	4,900万円	150,030	1,800,360	20%
1,000万円	変動0.475%	6,400万円	165,428	1,985,136	20%
	固定1.500%	5,400万円	165,339	1,984,068	20%
1,200万円	変動0.475%	7,700万円	199,031	2,388,372	20%
	固定1.500%	6,500万円	199,019	2,388,228	20%
1,500万円	変動0.475%	9,600万円	248,142	2,977,704	20%
	固定1.500%	8,100万円	248,009	2,976,108	20%

ここがポイント☞返済負担率20%に収まる借入額はおおむね世帯年収の5倍〜6倍程度まで

Q24

金利上昇、景気後退の懸念が高まっています。住宅ローンを組んで家を買うのはやめたほうがいいでしょうか？

A いつか買うなら、早く買ったほうが後がラク。でも、不用意な買い急ぎはご注意を

大規模金融緩和が始まった2013年から2023年までの10年間、株価と連動するように都心周辺のマンション価格が上昇を続けました。

日経平均株価の動きをチャートで見ると、2021年をピークに下げに転じ、その後高止まりしています。

一方で、一都三県のマンション価格は2022年以降も上昇を続けていますが、今後本格的なリセッション（景気後退）に入り株価が下落すると、不動産価格も下がるのでは、と心配する人もいます。

実際のところ、金利も株価も不動産の価格も、将来どうなるかは誰にもわかりません。不動産価格がこの先確実に下がるという確証がないなかで、**安くなるかもしれないという淡い期待で購入を先送りにするのは、貴重な現役時代の資産形成期を無駄に過ごしてしまう機会損失につながります。**

いまの日本の住宅ローンはなぜか最終返済時の年齢が80歳になるまで組めてしまいます。

【一都三県の住宅価格指数と日経平均株価の推移】

住宅価格指数は2010年を100とする

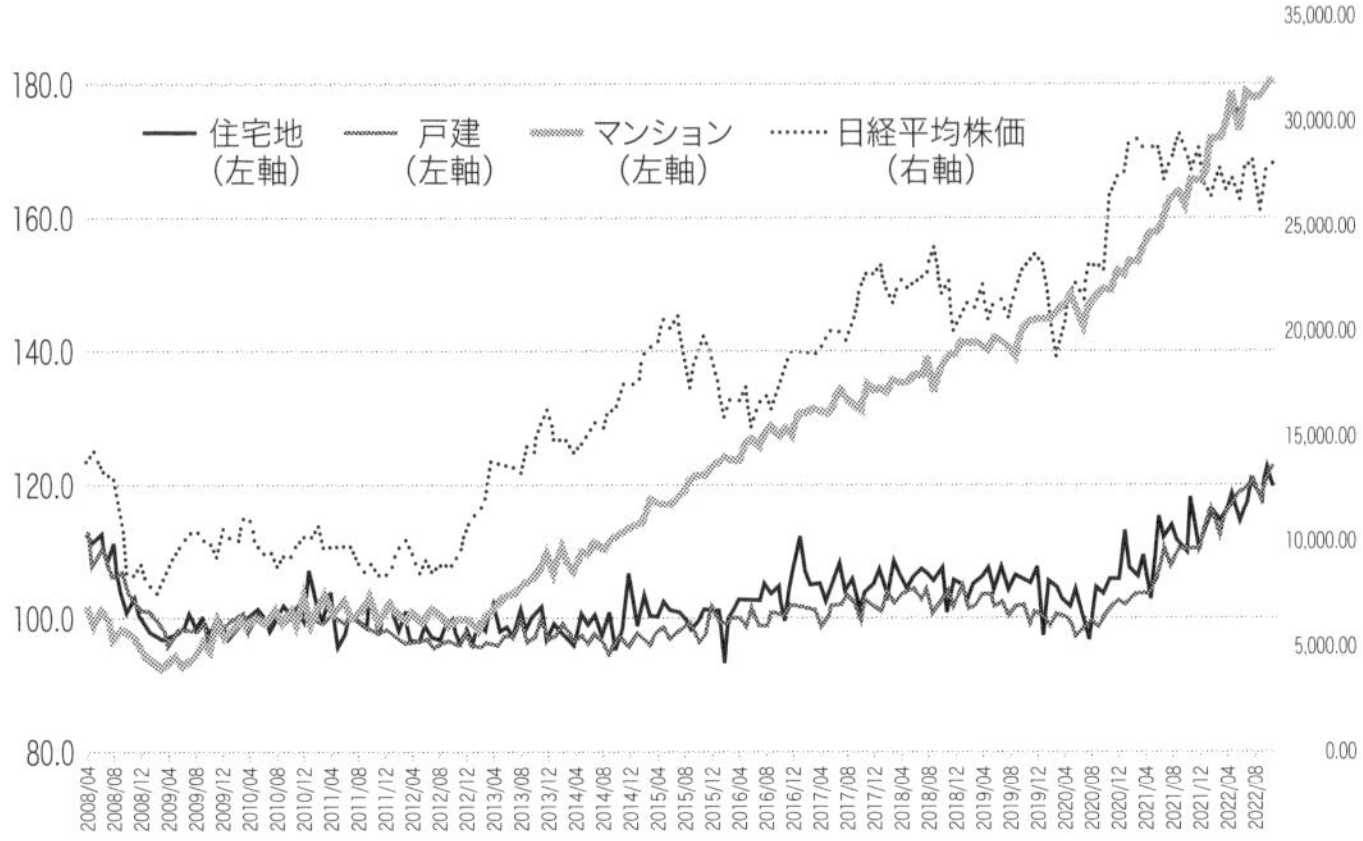

※国土交通省「不動産価格指数（住宅）」と日経平均株価のデータを元に平井FP事務所が作成

住宅ローンの返済期間は最長35年なので、逆算すると45歳までの人が35年ローンを組める計算です。

しかし、現実には65歳以降年金暮らしが始まると、ほとんどの人が年金では生活費が足りず、貯蓄を毎月5万円ほど切り崩しているというデータを先にご紹介しました。

総務省が調べたデータによると、年金暮らしをしている老後夫婦のおよそ9割が自宅を持っていてローンの返済も終わっています。それでも、生活費が年金では足りないという状況です。

つまり、65歳以降も就労収入や家賃収入などがない限り、年金収入だけでローンの返済を続けるのは困難です。

途中で繰り上げ返済をするか、完済資金を手元に貯めておいて65歳時に一括返済するなど、**年金暮らしが始まるまでに完済の目途を立てる必要があります。**

ところで、多くの人は住宅ローンを組むときに最長の返済期間を選びますが、購入時の年齢別に65歳時点のローン残高を確認してみましょう。

たとえば、45歳で5000万円のローンを金利1％で組んで家を購入した場合、繰り上げ返済をまったくしなかったとすると、65歳時点のローン残高は2266万円です。この完済資金を65歳までの20年間で貯めようとすると、毎年およそ113万円（2266万円÷20年）ずつ貯蓄していく必要があります。

ここはうまく資産運用を取り入れたいところですが、年率3％の利回りで効率よく貯められたとすると、毎年84万円ずつ投資に回せば、20年後にはおよそ2266万円になる計算です。運用を上手にしたとしても、毎月7万円ずつ積み立てをする必要があります。

一方、30歳で家を買えば35年ローンを組んで繰り上げ返済を一切しなかったとしても、65歳には返済が終わるのでラクです。

30歳までとはいわないまでも、買う年齢が早ければ早いほど65歳時点のローン残高が少なくなります。しかも、賃貸暮らしが短ければそれだけ無駄な家賃を払わずに、稼いだ収

【65歳ローン残高】

※千円単位四捨五入

借入時年齢＼当初借入額	3,000万円	4,000万円	5,000万円
30歳（返済期間35年）	0万円	0万円	0万円
35歳（返済期間35年）	495万円	661万円	826万円
40歳（返済期間35年）	967万円	1,289万円	1,611万円
45歳（返済期間34年）	1,360万円	1,813万円	2,266万円
50歳（返済期間29年）	1,557万円	2,076万円	2,595万円
55歳（返済期間24年）	1,837万円	2,449万円	3,061万円

借入時年齢＼当初借入額	6,000万円	7,000万円	8,000万円
30歳（返済期間35年）	0万円	0万円	0万円
35歳（返済期間35年）	991万円	1,156万円	1,321万円
40歳（返済期間35年）	1,933万円	2,256万円	2,578万円
45歳（返済期間34年）	2,719万円	3,173万円	3,626万円
50歳（返済期間29年）	3,114万円	3,633万円	4,152万円
55歳（返済期間24年）	3,674万円	4,286万円	4,898万円

※全期間金利1%と仮定、35年元利均等返済の場合
※最終返済時年齢＝満80歳未満のルールの金融機関の例

入を資産形成に集中して投下することができます。

将来は実家に同居するなど、家を買う必要がない人は別として、早く買って早く返し終われば、老後がラクになるのです。

ただし、焦《あせ》って実力以上に高い物件を高つかみしたり、永く住めない家を購入したりするのだけは気をつけてください。

早く決断しないとなくなってしまうと焦って、私のところに相談するお客様もいらっしゃいますが、周辺相場と比べて高すぎないか、家族全員でずっと住むのに狭すぎないか、慎重に判断をしてください。

たとえば、マンションだけではなく戸建も視野に入れる、新築ではなく中古を検討する、エリアを変えてみる、実家に協力してもらうなど、視点をずらして気長に探してみれば、きっとほかにも理想の家が見つかります。

もちろん、いま検討している物件がベストな場合もあるでしょうが、いずれにしても検証しすぎて損することはないのです。

Q25

インフレ・金利上昇時の住宅ローン。借入額と自己資金の割合はどう考えたらいい？

A 自己資金は多いほど審査に有利だが、5つのポイントでチェック

最近は自己資金をなるべく出さずに住宅ローンを最大限借りたほうがいいと考える人が目立ちます。貯蓄がある人でもローンを多く借りたがるのです。できる限り多く借りて、余ったお金は資産運用に回したほうがいいという人が増えているのですが、SNSの影響も多分にある気がします。

住宅ローンの返済期間中に同時並行して資産運用をしていくことには大賛成ですが、住宅ローンの審査では自己資金の出資割合が重視されるということも覚えておいてください。自己資金の出資割合をどうするか考えるときには、これからお伝えする5つの点に注意しながら決めることをおすすめします。

【自己資金割合を決めるポイント①】審査の結果、いくらまで借りられるのか確認する

心配しすぎる必要はありませんが、住宅ローンの審査はクレジットカードをつくるほど簡単ではありません。なかには審査に落ちてしまう人もいます。国土交通省の調査（令和4年度住宅経済関連データ）では、住宅ローンを申し込んだ人のうち約15％が希望する金額

を借りられず、自己資金や何らかの方法で不足分を調達しているようです。

首都圏や近畿圏のなかのとくに価格が高騰しているエリアに限っては、20％近い人が希望する融資額を断られたという結果が出ています。自己資金の出資割合を決めるときには、まず審査を受けてみて、いくらまで借りられるのか確認することが第一優先です。

【自己資金割合を決めるポイント②】審査の結果、最優遇金利で借りられるのか確認する

住宅ローンにはフラット35のように自己資金の出資割合に応じて自動的に金利が決まる金融機関と、審査の結果、総合的な判断でどこまで金利を下げられるかが決まる金融機関の2種類があります。いずれにしても自己資金が多いほど金利は下がり、有利です。実際には、購入する住宅の担保評価額や、借りる人の条件、どこから借りるかなどによって、自己資金ゼロでも最優遇金利で借りられるケースもあります。

一方で、自己資金を1割出すことにしたら金利を0・5％も下げられた人もいます。「とにかく全額借りたほうが得」と決めつけるのではなく、審査後に銀行から提示された金利と相談しながら決めるようにしてください。

【自己資金割合を決めるポイント③】最低限手元に残しておくべき貯蓄をとっておく

いざというときのための手元資金として、一般的な会社員であれば半年〜1年分の生活費を預貯金で持っておいたほうがよいといわれています。とくに注意していただきたいのは、住宅購入後に転職や産休を予定している方です。私自身、産後の休職中は年間100万円以上の貯蓄を取り崩しました。住宅ローンを多めに借りたとしても、手元資金が多い分には、あとからいくらでも繰り上げ返済ができます。想定外の事態も乗り越えられるよう、手元資金はある程度余裕を見て残すようにしてください。

【自己資金割合を決めるポイント④】住宅ローン控除が最大限使える金額を確認する

現行の制度では、住宅ローン控除によって戻ってくる税金は、年末のローン残高の0・7%相当額ですが、対象になるローン残高には上限があります。新築か中古か、また購入する住宅の性能によって異なり、1人2000万円~5000万円までです。

税還付が受けられる期間は新築住宅は13年、非課税の中古住宅は10年となっています。たとえば、一般的な中古住宅は上限2000万円ですが、夫婦2人でローンを組むと世帯では4000万円まで控除を受けることが可能です。控除を最大限受けるなら、10年後もローン残高がそれぞれ2000万円以上になるように借りる方法もあります。

ただし、借入額が多ければ利息もかさむので、ローン控除適用期間が終わったら多めに借りた分は繰り上げ返済するなどの戦略が必要になります。

【自己資金割合を決めるポイント⑤】保有資産から負債を引いた純資産をプラスにする

家計の財務健全性をみるときに、保有する資産の時価がつねに借金を上回っているかどうか、といった判断基準があります。

たとえば頭金を入れず、諸費用も全額ローンを組んだ場合、購入した時点では借金が不動産価格を上回る債務超過に陥っている状態です。借入額のうち諸費用に充当する分はローン控除の対象外ですし、審査でも不利になるので、できれば諸費用は自己資金で準備するようにしてください。

そのほか、価格に新築プレミアムがのっている新築住宅や、相場より割高の中古住宅を少ない自己資金で買うときも注意が必要です。万一、購入してわずか数年後に売却する必要が生じたときに、売却価格がローン残高を下回る可能性もあります。いざというときには売却すればローン残高を返せるよう、借り入れを少なくしておくのも一法です。もちろん、借り入れを意図的に多くしても貯蓄があればなんとでもなります。

とにかく、金融資産と不動産を合わせた保有資産の時価が、借金を上回るようにしておくと安心です。

Q26

金利上昇時の住宅ローン。元利均等返済と元金均等返済、どっちが安心？

A 金利上昇時は元金均等返済の価値が見直される

私は1997年に新卒で新築マンションの販売会社に就職しましたが、当時は住宅金融公庫の融資（現フラット35）が主流で、金利は当初10年が2・5%前後、11年目以降は4・0%でした。

そのころは、1棟のマンションを販売すると、ごく少数ではありますが何組かのお客様は元金《がんきん》均等返済を選んでいた記憶があります。

ところが、その後金利が下がるにしたがって元金均等返済のニーズがなくなりました。金融機関に転職してからは元金均等返済を選ぶお客様はほとんどいませんでしたし、現在もめったにお目にかかりません。最近ではそもそも元金均等返済を扱っていない金融機関もあるくらいです。

低金利時代が長く続いたため忘れ去られていた元金均等返済ですが、変動金利を選ぶ人にとっては金利上昇時のリスクヘッジ方法として、改めて見直す価値がある返済方法だと考えます。

ここで元利均等返済と元金均等返済の返済額を比較してみましょう。

次ページのシミュレーションからおわかりいただけるように、元利均等返済は最初から最後まで月々の返済額が一定です。

６０００万円を35年返済で借りた場合、月々返済額はずっと16万４３５円です。月々返済額の内訳を見ると、借り入れ当初は利息が占める割合が多く、年数が経つにつれ徐々に利息が占める割合が減って、反対に元金が占める割合が増えていきます。

一方、元金均等返済は月々の返済額のうち、元金の返済額を一定にしています。６０００万円を35年返済（４２０回払い）で借りた場合、６０００万円を４２０回で割った14万２８５７円が毎回の元金返済額となります。当初の返済額が多くなるのも元金均等返済の特徴です。

シミュレーションでは、18年目にようやく元利均等返済の月々返済額を下回りますが、当初17年間は元金均等返済のほうが月々の返済額が多くなっています。

この元金均等返済の仕組みは、どんなに金利が上昇しても必ず毎回均等に元金を返済することになるので、金利上昇時でも安定して元金を減らせるメリットがあります。

５年・１２５％ルールが適用されないのも元金均等返済の特徴です。

【元利均等返済vs元金均等返済】

〈前提条件〉 借入額:6,000万円 返済期間:35年
金利:0.675%(35年間不変と仮定)

元利均等返済	月々返済額	うち、元金	うち、利息	年間返済額	総返済額
当初	160,435円	126,685円	33,750円	1,925,220円	**6,738万円**
11年目	160,435円	135,529円	24,906円	1,925,220円	
21年目	160,435円	144,991円	15,444円	1,925,220円	
35年目	160,435円	159,356円	1,079円	1,925,220円	

元金均等返済	月々返済額	うち、元金	うち、利息	年間返済額	総返済額
1年目	176,607円	142,857円	33,750円	2,113,975円	**6,710万円**
11年目	166,964円	142,857円	24,107円	1,998,261円	
18年目	**160,214円**	**142,857円**	**17,357円**	**1,917,261円**	
21年目	157,321円	142,857円	14,464円	1,882,546円	
31年目	147,758円	142,857円	4,901円	1,767,796円	
35年目	143,821円	142,857円	964円	1,720,606円	

いまは金利が異常に低いので、元利均等返済と元金均等返済とでは総返済額の差が28万円しかありませんが、金利2％で6000万円を借りた場合の総返済額は元利均等返済が8348万円、元金均等返済が8105万円となり、その差は243万円にもなります。金利が高いときほど、元金均等返済は威力を発揮するというわけです。

その分どうしても借り入れ当初は月々返済額が高くなってしまいますが、固定金利で借りるよりは安くなります。**金利先高観が高まっているいまのような状況下で変動金利で借りる場合は、万一の際の金利上昇リスクへの備えとして元金均等返済を検討してみるのもひとつの手です。**

ちなみに、一般の住宅ローン利用者のあいだではあまり選ばれない元金均等返済ですが、銀行員時代の先輩方には元金均等返済を選ぶ人が多数いました。お金のプロは、おこる可能性が低くても、万一おこった際の損失を回避するための家計防衛策を念入りにしているといえるかもしれません。

Q27

金利上昇時の住宅ローン。「5年・125%ルール」は損か得か？

A 金利が上昇したときに返済を先送りにするのが5年・125%ルールだが、別の対処法で乗り越えよう

元利均等返済の変動金利型住宅ローンに適用される5年・125%ルールの仕組みや、金利が上昇した場合の返済額の増え方はすでにお伝えしました（**Q5**、**Q6**、**Q12**参照）。

大まかなイメージとしては、5年ルールがあると返済額の増額を5年間先送りにした分、5年後には一気に増えるイメージです。

一方、5年ルールがなければ、金利上昇はすぐさま月々の返済額に反映されるので、徐々に増えていきます。5年ルールがなければ、金利が上昇したことにすぐに気がつきやすいというメリットもあります。

わずかな金利上昇くらいでは125%のリミットまで到達しないので関係ないのですが、万一短期間に急激に金利が上がると125%ルールが発動し、結果として元金の返済が遅れたり、未払い利息が発生したりする怖さがあります。改めてメリット・デメリットを確認してみましょう。

メリットは人によってはデメリットともなり、反対にデメリットはメリットにもなりま

【5年・125%ルールのメリット・デメリット】

	メリット	デメリット
5年・125%ルールあり	・金利が上昇したときに前回の見直し時から5年間は月々の返済額が増えるのを待ってもらえる	・金利上昇時には元金の返済が遅れる ・金利が上昇した場合、5年後に一気に返済額が増える ・金利が短期間に急上昇すると未払い利息が発生する可能性がある
5年・125%ルールなし	・金利上昇時にはすぐに月々の返済額に反映される ・金利が上がったことにすぐ気がつきやすい ・金利上昇時には月々返済額が徐々に増えていく	・待ったなしに急に返済額が増えるので貯蓄がないと対応できない

す。貯蓄がある人は、金利が上がったら返済額の据え置きなどせずにとっとと返してしまいたいと考えるかもしれませんし、貯蓄がない人は急に返済額が増えると困ってしまうかもしれません。

そもそも金融機関が5年・125%ルールというリミッターを設けているのには、「金利が急上昇したときに困らないよう、最大5年間の猶予《ゆうよ》期間を与えるので、そのあいだに貯蓄を増やす、借り換えをする、売却をするなどの対策をしてくださいね」という意図があります。

しかし、この猶予期間があるがために、月々の返済額が据え置かれ、金利上昇時は元金の減りが遅くなるわけです。

それが嫌ならば、**このルールが適用されないPayPay銀行やソニー銀行、新生銀行などの金融機関を選ぶ、元金均等返済を選ぶ、固定金利型住宅ローンを選ぶという選択肢もあります。**

もっとも、**5年・125%ルールが適用される金融機関を選択しても、金利が上昇したときには繰り上げ返済をすることで解決可能です。**繰り上げ返済した金額は全額元金の返済に充当されますので、リミッターを外すことができるのです。

ところで、Q12で示した金利上昇シミュレーションは、「今後13年間で金利が累計+0・5%〜+2・0%上がったとしたら」という緩やかな上昇を想定しているので、5年ルール・125%ルールがあってもなくても、頑張ればなんとか返済できる範囲の増額にとどまっています。

それでは万が一、金利が想定外にもっと上がった場合はどうでしょうか？　いまのような低金利時代にはあまり想像ができませんが、参考までにかつてのバブル絶頂期の金利を確認してみましょう。1989年〜1990年には、わずか1年半の間に、短期金利が合計7回で4・25%から8・25%に+4%上昇しました。

このときに6000万円を借りていたとして、5年・125%ルールがなければ、月々の返済額は31万円台からなんと50万円台に一気に増える計算です。

金利が高かった時代なので当初の返済額も高いですが、待ったなしに突然＋20万円増えたとしたら、とても払えない金額ではないでしょうか。こんなことが再びおこるとしたら5年・125％ルールがないと困ってしまいます。

5年・125％ルールについてまとめると、バブル期のような短期間に急激な金利上昇があると思うのであれば、このルールは保険としてあったほうがいいでしょう。一方で、金利上昇はあったとしてもそこまでの上昇ではないと思うのならば、このルールにこだわる必要はないと思います。

それよりも金利や融資条件、審査の難易度などを優先して金融機関を選ぶようにしてください。そして最も重要なことは、変動金利で借りる以上、金利の動向にはつねにアンテナを張り、いつでもおろせる貯蓄をとっておくことです。

実際に金利が上がったときには、最も有効な対処法である繰り上げ返済をすることで余計な利息を払わずに済みます。

Q28

金利上昇時、住宅ローン商品選びで気をつけることは？

A 金利上昇に備えるならば、できる限り当初の借入金利を下げることを優先したい

住宅ローンは借入額が多く返済期間が長いので、たった0・1％金利が上がるだけでも返済額に与える影響が大きくなります。

たとえば、借入額5000万円を35年元利均等返済で借り入れした場合、金利0・9％で借りると総返済額は5831万円ですが、金利1・0％では総返済額は5928万円となり、約100万円増えます。

金利先高観が出てきているいま、これから住宅ローンを組むのであれば、変動金利・固定金利ともに、できる限り金利が低い商品を選びたいところです。金利を下げる方法としておもな5つの方法をお伝えします。

【金利を下げる方法①】提携ローンと非提携ローンの両方を検討する

不動産会社や購入する物件、借りる人の状況にもよるのですが、提携ローンのほうが金利が低い場合と、非提携ローンのほうが金利が低い場合の両パターンあります。

また、金融機関のホームページに出ている金利はあくまでも審査の結果、満点がとれた

場合の最優遇金利です。複数の金融機関を比較検討しながら、最終的には審査結果を見て判断するようにしてください。

【金利を下げる方法②】融資手数料型と保証料型の両方ある銀行では融資手数料型を選ぶ

都市銀行などでは融資手数料型と保証料型のふたつの商品を扱っています。この場合、金利がより低い融資手数料型を選ぶようにしてください。

諸費用の比較ですが、融資手数料型は借入額の2・2％相当の手数料を最初に一括で払い、保証料は不要です。一方、保証料型は融資手数料の代わりに保証料を払いますが、保証料は返済期間と返済方法によって異なります。

たとえば35年・元利均等返済の場合、一般的な銀行では保証料が借入額の2％強なので融資手数料型とほとんど変わりません。

注意が必要なのは、保証料型は一括返済や繰り上げ返済をした場合、返済期間が短縮された分の保証料が戻ってくる点です。これを戻し保証料といいますが、戻し保証料まで考慮すると、10年程度で買い替えするか、相続財産などで一括返済するといった人は、保証料型を選んだほうが得になることがあります。

また、はじめから返済期間が10年など短い場合も保証料型のほうが得です。このあたりはシミュレーションをして判断するようにしてください。

【金利を下げる方法③】保証料は金利に上乗せせず一括現金で払う

金融機関によっては保証料型の商品しか扱っていない場合もあります。その場合は保証料を一括現金で払うようにしてください。

金利に上乗せして払う方法は避けてください。先にシミュレーションでお伝えしたとおり、借入額を増やしたことで金利が上がってしまうことがなければ、保証料の分だけ借り入れを増やしてでも一括で払ったほうが得です。

【金利を下げる方法④】100%ローンは避けて自己資金をなるべくいれる

例外はありますが、一般的には住宅ローンの審査は自己資金を多くいれたほうが金利は低くなります。とはいえ、安定した収入の会社員で、物件の担保評価額が購入価格と比べて著しく低くなければ、物件価格の10%用意できれば十分でしょう。

ただし、いまは物件価格が高いので10%用意するのも簡単ではありません。その場合は5%、5%が難しければ100万円、100万円も難しければせめて諸費用は自己資金で払うなど工夫をできる限りしてください。

諸費用も準備することが難しければ、新築物件であれば完成・引き渡しまでのあいだに頑張って貯める、あるいは親から一時的に借りる方法もあります。

親から借りる場合は贈与税の対象にならないよう、所定の要件を満たした貸借《たいしゃく》契約を交わすなど注意をしてください。


【金利を下げる方法⑤】不要な保険はセットしない

三大疾病保障や自然災害保障、所得保障など、最近は住宅ローンにセットできる保険がいろいろと出ています。個人的には団体信用生命保険だけで十分とも思いますが、レバレッジ（借り入れすることで自己資金の収益を高める）効果の高いがん保障については検討してもよいでしょう。

そのほかの保障については、あれば安心ですが、付保するとその分金利が高くなってしまいます。

一般の医療保険も同じですが、住宅ローンにセットする保険もできるだけスリム化し、病気や失業など万一のリスクは貯蓄で対応できるように貯めていけると理想的です。

Q29

住宅ローンはいま変動金利と固定金利、どちらで借りるべき？

A 購入する住宅の種類と、今後のライフプランによって適している金利がある

これまで、変動金利で借りたほうがいい人、固定金利で借りたほうがいい人についてお伝えをしてきました。性格や年齢の問題などで固定金利が向いている人もいます。一方で、家計的にも性格的にも変動金利のリスクを受け入れられる人もいるでしょう。

さらに、変動金利と固定金利の損益分岐点として、今後金利が上がったとしても累計＋1％程度の上昇であれば変動金利のままがいいし、累計で＋2％以上引き上げられるのであれば、いまのうちに固定金利で借りたほうがいいというお話もしました。

ここでは、別の視点として、これから住宅を購入する方に向けて、購入する住宅の種類や今後のライフプランによっても適した金利があるという考え方についてお伝えしたいと思います。

●新築マンションを購入➡適した金利：当初10年固定金利または変動金利

2022年に首都圏で販売された新築マンションの平均面積は66㎡で、間取りは2LDKが中心になります。2人家族であれば十分ですが、結婚や出産を機に新築マンションを

【新築マンションを購入
⇒適した金利：当初10年固定金利または変動金利】

住宅種別	想定されるライフプラン	向いている金利
新築マンション	10年後には買い替え	変動金利、10年固定金利
中古マンション	20年後に高齢者住宅に住み替え	20年固定金利
新築戸建	永住	35年固定金利
中古戸建＋リノベーション	永住	35年固定金利

購入する人もいます。そうした人のなかには、10年も経つと子供部屋が必要になり引っ越していく人が少なくありません。このように10年で買い替えをするのであれば、当初10年固定の金利が適しています。

全期間固定よりも低い金利で借りることができ、なおかつ金利変動のリスクを回避することができます。あるいは、実際に返済を続ける期間が短ければ短いほど金利変動のリスクは少なくなるので、思い切って変動金利で借りるのも選択肢のひとつでしょう。

金利が低いので月々返済額が少なくて済む分、いざというときのために毎月預貯金を積み立てていけるとなお安心です。

●中古マンションを購入して20年後には高齢者住宅に住み替え⬇適した金利：当初20年固定金利

中古マンションを購入して20年くらい住んだらサービ

ス付き高齢者住宅に住み替える予定の方もいます。

その場合、当初20年間の金利を固定する20年固定金利を選択するのもひとつです。20年固定金利には、返済期間も20年にしなくてはならない金融機関と、返済期間は35年にして金利を固定する期間だけ20年固定を選べる金融機関とがあります。

返済期間を20年にしてしまうと月々の返済額が多くなってしまうようであれば、返済期間は35年のまま20年固定金利を選べる金融機関を選択したほうが賢明です。毎月の収支がぎりぎりのなかでやりくりするよりも、ローンの返済をしながら定期積立貯蓄ができるくらい余裕を持ったほうが安心できます。

●新築戸建に永住、リノベーションした中古戸建に永住➡適した金利：全期間固定金利

戸建を購入する人の多くは、生涯住み続ける「永住」を希望しています。場合によっては、世代を超えて2世代・3世代にわたり住み続けるケースもあります。住宅ローンの借り方も、親子2代で借りる親子リレー返済という選択肢も出てくるかもしれません。

いずれにしても返済期間が長ければ長いほど金利が変動するリスクは高くなるので、こうしたケースに適しているのは全期間固定金利です。さらに、全期間固定金利の代表選手であるフラット35では、新築の長期優良住宅やZEH（ゼッチ＝ネット・ゼロ・エネルギー・

ハウス）を建てると、当初10年間の金利を▲《マイナス》0・5％優遇してもらえる制度があります。

中古戸建を購入する場合は、耐震性や省エネルギー性能などを向上させるリノベーション工事をおこなうと、同様に当初10年間▲0・5％の金利優遇を受けることが可能です。このように購入する住宅と相性のよい優遇制度がある金融機関で借りるという方法もあります。

あくまでもひとつの考え方として、住宅の種類と今後のライフプランによって適している金利をお伝えしました。

実際には、戸建であっても変動金利を選択することもあるでしょう。金利が上昇し、家計への負担が増えたときの対処法は、変動金利が上がる前に固定金利を選択するという方法以外にもあります。

専業主婦の奥様が働きにでる、副業をする、金利が上昇した際に利息収入が期待できる債券で運用する、長期的に値上りする株式で運用する、繰り上げ返済して本来支払うはずの利息をカットするなど、さまざまです。

変動金利か固定金利か、変動の場合は金利が上がったときのシミュレーションを作成することと併せて、ご自身に合った対処法を決めておくようにしてください。

Q30

変動金利と固定金利、それぞれおススメの金融機関は？

A 変動が主力のネット銀行、固定と変動ハイブリッドの都市銀行、ZEHはスーパーフラット35Sなどからベストチョイスを

変動金利で月々の返済額を安くしたい人、固定金利で金利が変わらない安心を得たい人、あるいは変動金利と固定金利を半々ずつ借りるミックスローンなど、人によってニーズはまちまちです。変動金利と固定金利のおススメの金融機関をアドバイスします。

住宅ローンの金利は年度が変わる4月に見直しがされることが多いのですが、2023年4月は各行で金利を下げる動きが見られました。とくに変動金利については、ここへきてさらに金利競争が激化しているのには驚きを隠せません。変動金利を検討している人にとっては、追い風が吹いているといえるでしょう。

ネット専用銀行は変動金利を主力商品にしており、人件費を削減することで競争力のある金利を実現してきました。

現在、新規借り入れする人のうちおよそ7割の人が変動金利を選んでいるのは、ネット銀行が金利競争をけん引してきたことも影響が大きいと思います。

なかでも、借り換えの人は、住信SBIネット銀行の0・299%と、auじぶん銀行

【変動金利】 ※2023年4月時点

金融機関 商品名	金利	備考
auじぶん銀行 全期間引き下げプラン 期間限定キャンペーン	0.319%(新規) 0.296%(借り換え)	・au電話回線2回線とじぶん電気の利用で表記より▲0.1%優遇 ・がん50%保障が無料で付保
住信SBIネット銀行 WEB申込コース	0.320%(新規) 0.299%(借り換え)	・がんを含む三大疾病50%保障が無料で付保
三菱UFJ銀行 WEB申込	0.475%(新規) 0.345%(借り換え)	・新規は提携ローンや審査結果によって表示より下がる場合も
PayPay銀行	0.380%(新規) 0.349%(借り換え)	・5年・125%ルールなし ・がん50%保障が無料で付保 ・金利+0.1%でがん100%保障
りそな銀行 融資手数料型	0.370%(新規) 0.370%(借り換え・WEB申込限定)	・店頭申込ができる新規としては金利競争力あり
みずほ銀行 ローン取扱手数料型	0.375%(ネット専用) 0.575%(店頭申込)	・金利+0.1%でがん100%保障 ・新規は提携ローンや審査結果によって表示より下がる場合も
イオン銀行 取扱手数料定率型	0.38% (新規・8割以下) 0.43%(新規・8割超) (借り換え)	・金利+0.1%でがん100%保障 ・返済中イオンの買い物▲5%
横浜銀行 融資手数料型	0.385%(新規) 0.420%(借り換え)	・給与振込口座が条件(しない場合、表示の金利+0.03%)
ソニー銀行 変動セレクト 住宅ローン	0.397% (新規・9割以下) 0.447%(借り換え)	・5年・125%ルールなし ・がん50%保障が無料で付保 ・金利+0.1%でがん100%保障
SBI新生銀行 パワースマート 住宅ローン	0.42%	・5年・125%ルールなし ・金利+0.1%でがん100%保障

【35年固定金利】 ※2023年4月時点

金融機関	金利	備考
りそな銀行	**1.345%**	・分割実行可
みずほ銀行	**1.480%**	・分割実行可
横浜銀行	**1.500%**	・がんを含む11疾病団信が無料で付保
三菱UFJ銀行	**1.640%**	・分割実行可
ARUHIスーパーフラット35 8S	**当初10年間：1.16%** **11年目以降：1.66%**	・自己資金2割以上 ・分割実行不可(つなぎ融資が必要)

の期間限定キャンペーン金利0・296%は要注目です。また、都市銀行もWEB申込限定で金利を下げており、みずほ銀行や三菱UFJ銀行の借り換え専用の商品は金利競争力があります。

一方、りそな銀行は店頭での対面申込でも低金利で融資しているのが特徴となっています。その他、2022年から見られる傾向として、がん保障を無料もしくは金利にわずか+0・1%の上乗せで付保できる金融機関が増えていることも挙げられます。

金利が変わらないのであれば、がん保障が決め手になるケースも考えられますが、がん団信に加入できるのはおおむね50歳までとなっていますのでご注意ください。

全期間固定金利で安定した競争力があるのは、りそな銀行とみずほ銀行です。この2行は変動金利も競争力があるので、変動金利と固定金利と半分ずつミックスローンで借りたい人は検討候補にいれたい金融機関となります。

ZEHや長期優良住宅の新築戸建を購入する方にお勧めしたいのがARUHI（アルヒ）のスーパーフラット35Sシリーズです。フラット35の名称の前に〝スーパー〟がつくこの商品は、ARUHIが住宅金融支援機構と連携して独自につくった商品となります。自己資金を多く用意できる人向けに通常のフラット35よりも金利を下げているのが特徴です。

ZEHや長期優良住宅の場合、さらに当初10年間もしくは5年間の金利を下げてもらうことができます。たとえば前ページ表中の当初10年間1・16％、11年目以降1・66％は自己資金2割を用意してZEHと長期優良住宅の両方の認定を受けた住宅を購入する方向けの金利です。

ただし、土地を先に購入する場合、フラット35は分割実行をしてもらえないのでつなぎ融資が必要となり、その分諸費用がかさむ点にも注意が必要です。

このあたりは個別具体的に判断する必要があるので、物件が決まってから比較するようにしてください。

おわりに――

最後までお読みいただきありがとうございました。

住宅ローンの相談を25年以上受け続けていますが、これまでも金利が動いた局面で借り換えブームが何度かありました。2016年にマイナス金利が導入され、35年固定金利が1％を下回ったときと、さらに遡《さかのぼ》り2006年～2007年に変動金利が連続2回引き上げられたときです。

いずれもちょっとしたパニックがおきましたが、その後の顛末《てんまつ》については、本文でお伝えしたとおりです。

長いあいだ、住宅ローンと利用者の動きを見てきたなかで気づいたことは、複雑すぎて仕組みが十分に理解できていなかったり、漠然《ばくぜん》と将来が見えないから不安になるのだということです。

金利上昇が不安であれば上昇した場合のシミュレーションをする、借り換えか繰り上げ返済か迷ったら比較シミュレーションをする、とにかくまずはシミュレーションをして万一の際に家計に及ぼすリスクやリターンを数値で確認するようにしてください。

そのうえで、金利を固定する、収入を増やす、支出を減らす、貯蓄を増やしていざというときは繰り上げ返済をするなど、具体的な対策をきちんと立てておけば不安はなくなります。

むしろ日本の低金利の住宅ローンをうまく活用しない手はありません。完済というゴールに向けて、それぞれベストなランニングをしてください。

平井美穂 ひらい・みほ

神奈川県生まれ。平井FP事務所代表。宅地建物取引士、ファイナンシャルプランナー(CFP®)、証券外務員1種。大学卒業後、新築マンションの販売会社に就職。用地仕入後の商品企画からモデルルームでの営業まで経験。その後、銀行およびモーゲージバンクへ転職し、融資業務・金融商品販売に従事する。出産を機に独立系ファイナンシャルプランナーとなり、公正中立な立場で「住宅の正しい買い方、ローンの借り方・返し方、資産形成の方法」をコーチしている。5500件超の相談実績を誇る、実践派の住宅ローンプランナー。

金利上昇でもあわてない住宅ローンの超常識

二〇二三年五月二〇日　初版印刷
二〇二三年五月三〇日　初版発行

著　者――平井美穂

企画・編集――株式会社夢の設計社
東京都新宿区早稲田鶴巻町五四三　郵便番号一六二-〇〇四一
電話（〇三）三二六七-七八五一（編集）

発行者――小野寺優

発行所――株式会社河出書房新社
東京都渋谷区千駄ヶ谷二-三二-二　郵便番号一五一-〇〇五一
電話（〇三）三四〇四-一二〇一（営業）
https://www.kawade.co.jp/

DTP――アルファヴィル

印刷・製本――中央精版印刷株式会社

Printed in Japan ISBN978-4-309-29292-2